JN442039

매체융합시대 한국의 사회적 소통

: 진단과 해석

지 샘

매체융합시대 한국의 사회적 소통: 진단과 해석

2016년 2월 25일 인쇄
2016년 2월 28일 발행

저 자: 이범준··조성겸
발행자: 김종호
발행처: 도서출판 지샘
주 소: 서울특별시 성동구 성수 2가 3동 279-39
등록번호: 제1-339호
전 화: 461-5858
FAX: 462-9428

ISBN: 978-89-94534-13-8
정 가: 16,000원

* 이 저서는 2013년 정부(교육부)의 재원으로 한국연구재단의 지원을 받아 수행된 연구임(NRF-2013S1A3A2054988).

서 문

이 책은 현재의 한국사회가 직면한 소통문제를 정확히 이해하고 그에 대한 해결방안을 모색하는 데 도움을 주고자 집필되었다. 그동안 사회적 소통에 대해 문제제기는 많이 이루어져 왔지만 실제 우리사회의 소통이 어떻게 이루어지는지에 대해서는 체계적으로 분석되지 않았다. 또한 이상적인 소통의 방식에 대한 논의도 구체성이 부족한 편이었다. 이러한 상황에서 이 책은 소통에 관한 다양한 논의의 토대를 마련해 줄 것으로 보인다.

이 책은 전문적인 연구프로젝트를 일반인들이 볼 수 있도록 재편성하였기 때문에 연구논문들이 갖는 경직성을 완전히 배제하지는 못 하였다. 부디 독자들이 이 점을 고려하여 읽어 주기를 바란다. 아울러 이 책이 한국사회의 소통문제에 관심있는 연구자 및 시민들에게 다소나마 도움이 되기를 기대한다.

이 책은 한국사회과학연구지원사업(SSK) '매체융합 시대의 사회적 소통' 연구팀의 연구에 기반하여 집필되었다. 특히 이화여자대학교 최윤정 교수팀이 구축한 한국적 소통모형은 이 책이 기반하고 있는 소통의 현황분석과 발전방안 모색에 귀중한 이론적 토대와 분석틀을 마련해 주었다. 이밖에 이종혁, 정일권, 조은희, 송인덕 교수와 양정애, 김미선 박사, 방동광 조교 등 전체 연구진의 도움이 없었다면 이 책은 나오지 못했을 것이다. 연구진 모두에게 깊은 감사를 드린다.

2016년 2월

저자

목 차

CHAPTER

1장 서론: 왜 사회적 소통 진단이 필요한가?

1.
서론: 왜 사회적 소통 진단이 필요한가?

소통(communication)은 사회의 유지와 발전에 있어 핵심적 자원이다. 소통을 통해 주고받은 정보와 아이디어로 물건이 만들어지고 서비스 개선이 이루어지며 시장이 작동한다. 메르스(MERS)와 같은 전염병을 피하기 위해서는 무엇을 해야 하는지, 어느 곳을 가면 안 되는지, 또는 걱정 없이 공공장소를 다녀도 되는지 등에 대한 정보도 소통을 통해 오고간다. 소통을 통해 한 사람의 새롭고 독특한 경험이 많은 사람들에게도 쉽게 잊히지 않는 아름다운 경험이 되기도 한다. 무엇보다 소통은 수많은 사람들이 공동의 의미를 공유하고 서로 간의 협력과 조율을 이루어내는, 공동체 형성의 과정이다.

최근 10여 년 동안 한국사회는 IT 기술의 눈부신 혁신을 바탕으로 세계 최고 수준의 고품질의 소통 인프라를 구축해 왔다. 이제 언제 어디서나 지인들과 이야기를 나눌 수 있고, 세상의 다채로운 정보와 이야기를 접할 수 있게 되었다. 대부분의 젊은이들이 휴대전화 화면을 응시하고 있는 지하철 안 풍경만 보더라도 모바일과 인터넷 시대 한국 사회의 소통량이 얼마나 크게 늘어났을 것인지 짐작하기 어렵지 않다.

그런데 역설적으로 소통의 양적 증가와 함께 한국 사회의 '소통문제'나 '소통위기'를 우려하는 목소리 또한 많아졌다. 조율되지 않는 집단 간 갈등, 정부와 시민 간의 소통 단절, 거짓 정보와 타인에 대한 공격적인 말들이 난무하는 인터넷 등 다양한 소통의 문제점 등이 사회적 관심과 논란의 대상이 되었다. 이러한 논쟁의 가장 주요한 계기는 2008년 미국산 쇠고기 수입을 둘러싼 광우병 파동이었다. 당시 진보언론과 시민들은, 광우병에 대한 광범위한 우려의 목소리를 외면하고 미국산 쇠고기 수입조건 완화를 추진하는 정부에 대해 '불통(不通)'이란 말로 비판하였고, 보수언론과 정부는 거짓 정보와 선동에 의해 광우병에 대한 불안이 야기되었다고 몰아붙였다. 당시의 소통논쟁에 대해, 상대에 대한 비난의 방편으로 제기되었을 뿐, 정작 문제의 핵심을 보지 못하게 한다는 비판이 제기되기도 하였다(강준만, 2011; 최장집, 2009.7.14.). 그러나 논쟁의 과도한 부분이나 부수적 효과를 바라보기보다 이 논쟁이 상징적으로 보여주고 있는 진실에 초점을 맞추는 것이 보다 생산적일 것이다. 당시의 논쟁은 매체융합 시대의 사회적 소통의 변화에 대한 반응으로 촉발된 것으로 접근할 필요가 있다.

2000년대 사회적 소통의 가장 중요한 변화는 사회적 정보와 의견의 흐름에서 시민들 간의 소통이 차지하는 비중이 급격히 증대되고 주류 언론의 영향력은 약화되었다는 점이다. 이전의 사회적 소통에서 지역적으로 떨어져 있는 시민들 간의 연계는 신문과 방송과 같은 대중매체의 뉴스를 함께 접하는 방식으로만 이루어졌다. 이제 시민들은 SNS와 인터넷 커뮤니티를 통하여 다른 곳에 있는 시민들과 직접 소통할 수 있게 되었다. 즉, 대중매체를 거치지 않고도 지역적 한계를 넘는 전국적인 소통이 일상적으로 가능해진 것이다. 지인들과의 소통도 카카오톡이나 네이트온과 같은 서비스를 통하여 한층 더 긴밀해졌다. 시민들이 자발적으로 형성해 놓은 모세혈관과 같은 네트워크는 미국 쇠고기 수입과 같은 뜨거운 이슈들에 대해 폭발적으로 반응하며 주류 언론을 압도하는 현상이 나타났다.

한편으로, '소통위기'에 대한 우려는 이렇게 급성장한 시민들의 소통에 대한 정부와 주류 언론, 전통적 지식인들의 위기의식에서 비롯되었다고 할 수 있다. 인터넷 여론이 '괴담'과 '선동'에 의해 좌지우지된다는 식의 공격적인 비난이 적절하다고 볼 수는 없지만, 인터넷과 SNS를 통해 오고가는 말들이 전통적인 저널리즘 담론보다 더 거칠고, 오류가 더 많으며, 직접적인 감정 표출을 더 많이 담고 있는 것은 사실이라고 할 수 있다. 이러한 담론에 합리성과 사실성의 문제를 제기한 것은 일정한 타당성을 가지고 있다.

다른 한편, 시민들이 정부의 소통방식에 대해 '불통'이라며 반발한 것도 사회의 소통구조 변화와 관련이 있다. 민주화 이후 한국의 정치과정에서 여론조사, 공청회, 위원회, 회담 등을 통한 의견수렴 및 대화의 절차들은 점차 중요성을 높여왔다(민영·노성종a, 2011). 인터넷 소통은 개방성, 수평성, 상호성을 특징으로 하는데, 젊은 세대는 이러한 방식의 소통을 사회적 이슈에 관한 소통의 기본 양식으로 활용하고 있었다. 젊은 세대의 사회적, 문화적 경험에 비추어 볼 때, 언론을 통해 일방적이고 권위적으로 '진실'을 통보하는 식의 정부의 소통행위는 강한 불만과 거부감의 대상이 될 수밖에 없었다.

요컨대 2000년대 초반 벌어졌던 소통에 관한 논쟁은 사회적 소통 흐름의 변화와 젊은 세대와 기성세대의 문화적 충돌을 배경으로 한다. 이러한 점에서 당시의 논쟁은 불가피한 측면이 있었다. 앞으로도 '소통'을 둘러싼 갈등이 진보/보수, 야권/여권, 젊은 세대/노년 세대 사이에서 빈번히 나타날 가능성이 크다.

아쉬운 점은 '소통'이란 말이 점차로 어떤 갈등에 대한, 내용 없는 해결책의 클리셰(cliché)로 남용되거나 상대를 비난하기 위한 빌미로 사용되는 경우가 많다는 점이다. 따라서 소통논쟁이 가져온 '소통'에 대한 뜨거운 관심이 진영 논리에 따른 다툼의 도구로 소비되기보다는 '대화'나 '이질적인 것의 포용'이라는 소통의 본래적 가치를 구현하는 원동력이 될 수 있도록 노력해야 할 것이다. 이를 위해서는 우리 사회 소통의 변화 양상을 전반적으로 검토하고, '남'이 아니라 '나' 또는 '우리'의 소통양식을 성찰적으로 점검하는 작업을 할 필요가 있다.

매체융합 시대 새로운 소통 미디어와 서비스에 대한 개별적인 연구들은 다양한 형태로 많이 이루어졌다. 그러나 이로 인한 사회적 소통의 변화를 전반적으로 조망하는 연구는 거의 없었다. 특히, 소통 문제에 대한 논의가 언론뿐만 아니라 학계에서도 심도 깊게 이루어졌음에도 그러한 문제 양상을 객관적이고 종합적으로 검토하는 연구도 부재했다고 할 수 있다(이범준·조성겸, 2014). 현상학적으로만 볼 때, 그동안 사회적 소통에 대한 문제 제기는 그 근거를 주관적 관찰이나 사례 분석에 두는 경우가 많았다.

이러한 문제의식에서 '매체융합시대의 사회적 소통' 연구팀은 한국 사회의 사회적 소통을 전반적으로 진단하기 위한 사회적 소통에 대한 실태 조사를 2014년 6월 실시하였다. 이 책은 이 조사 데이터의 분석결과를 종합적으로 제시하기 위해 기획되었다. 그동안 이 조사 데이터를 활용하여 모두 4건의 학술논문이 발간되었지만, 학술논문 형식과 분량의 제한 때문에 사회적 소통의 현황을 전반적으로 조망할 수 있는 연구결과물을 제시하기 어려웠다. 특히, 인구사회학적 범주별 사회적 소통량과 질, 소통상대방, 소통주제의 특징에 대한 분석결과는 방대한 분량 때문에 상세하게 다룰 수 없었다. 이 책을 통해 제시되는 조사 데이터와 분석결과는 한국의 사회적 소통의 현황과 변화 양상을 조망하고, 소통문제에 대한 개선책을 모색하는 데 유용한 기초 자료가 될 것이다.

이 책이 다루는 사회적 소통(societal communication)이란 사회 또는 사회가 조직되는 방식과 관련이 있는 소통을 말한다. 자연스럽게 형성된 지역 공동체와 달리, '국가'나 '국제 사회'와 같은 거대한 규모의 집합체는 그것이 조직되기 위해 특별한 유형의 소통이 필요하다. 바로 신문과 같은 대중매체를 통해 정기적으로 '사회'에 대한 뉴스를 접하고, 주위 사람들과 뉴스에 대해 이야기하는 소통이다(Anderson, 1991/2002; Tarde, 1902/2013; Habermas', 1990/2001). 이러한 소통을 통해서만 멀리 떨어져 있는 사람들과 같은 시간대에 함께한다는 연대감을 갖게 되고, 여론과 같은 보다 일반적인 판단을 공유하게 된다(Tarde, 1902/2013). 본 연구는 사회적 소통의 개념으로 뉴스의 수용과 시민들 간의 대화를 함께 다룬다. 이는 인터넷-모바일 환경 속에서 두 유형의 소통이 서로 융합되는 경향이 있고, 이에 따라 타르드가 말하는 사회구성에 기여하는 방식에 있어서 시민들 간의 대화가 뉴스 수용과 유사해지는 측면이 나타나기 때문이다.

연구팀은 사회적 소통에 대한 연구를 '진단'의 시각에서 진행하였다. '진단'이란 본래 사람이나 사물 등을 조사하여 질병이나 문제점을 발견하는 행위 또는 질병이나 문제점이 나타난 원인에 대한 진술을 의미한다.[1] '의학적 진단', '조직 진단', '안전 진단'이 그러하듯, 진단은 어떤 문제의 예방이나 해결을 목적으로 수행되는 경우가 대부분이다. 그러한 맥락에서 볼 때. 우리 사회가 크고 작은 여러 소통문제들을 안고 있음은 분명해 보인다. 사회적 소통에서 나타나는 여러 가지 병폐들은 민주주의의 발전과 사회통합에 부정적인 영향을 미칠 수 있다. '진단'의 시각에서 사회적 소통에 접근한다는 것은, 그것의 현 상태를 체계적으로 조사하여 어느 지점에서 문제나 취약점이 나타나는지 살펴보고 그것의 원인과 해결책을 탐구하는 작업이라고 할 수 있다.

물론 이 책이 본격적인 사회적 소통에 대한 진단을 수행하는 것은 아니다. 실시된 조사는 사회적 소통이 이루어지는 장소(site)에 대한 조사가 아니라, 개인의 자기응답식 보고에 기반한 조사이기 때문에 '소통문제'의 발생 지점을 포착하는 데 한계가 있다.[2] 무엇보다 사회적 소통에 관하여 어떤 양상이 '문제'인지 규정하고 판별하는 진단의 이론과 방법론이 체계적

1) Diagnosis.(n.d.). Retrieved July 28, 2015, from http://www.merriam-webster.com/dictionary/diagnosis

2) 연구팀은 소통문제를 어떤 개인이나 집단에 의해 야기되는 것으로 보지 않는다. 개인과 집단의 소통행위와 소통맥락 간의 특정한 형태의 상호작용 속에서 어떤 문제적인 소통양상이 나타난다고 이해한다.

으로 정립되지 않았다. 따라서 이 책은 병리학적으로 잘 규정된 어떤 소통문제가 존재하는지 여부를 판별하기보다는, 그러한 문제를 가져오기 쉬운, 개인 수준의 소통조건을 점검하는 정도의 작업을 수행한다. 이는 본래적 의미의 '진단'이라기보다, 진단을 위한 예비작업이라고 할 수 있다. 다만, 소통문제들에 대한 사전 점검과 개선을 목적으로 사회적 소통 전반을 체계적으로 조사한다는 점에서 '진단'의 시각을 취한다고 말할 뿐이다. 이러한 시각은 조사항목과 조사결과의 제시방식에 반영되어 이 책의 주요한 특징을 이룬다.

이와 같은 접근방식으로 이루어진 사회적 소통에 대한 연구팀의 진단결과를 바탕으로 하여 다음과 같이 책을 구성하였다.

먼저 2장에서 본 연구의 설문조사 방식과 내용, 응답자의 인구사회학적 특성을 밝힌다. 또한 분석을 위해 구성된 주요 변인을 소개한다.

3장에서는 사회적 소통의 양적 지표에 대한 조사결과를 다룬다. 우선 사회집단별 사회적 소통시간과 매체별 소통시간을 살펴본다. 다음으로 다중회귀분석을 통해 어떤 인구사회학적 요인들이 소통량에 영향을 미치는지 논의한다. 마지막으로 새로운 소통 매체의 도입으로 사회적 소통시간의 구성이 어떻게 변화하고 있는지 점검해 본다. 기존의 사회적 소통시간은 뉴스매체 소통시간과 면대면 소통시간으로 구성되어 있었다. 인터넷과 모바일 매체의 도입으로 이러한 소통시간이 어떻게 달라지고 있는지, 이러한 변화는 사회집단별로 어떻게 다르게 나타나는지에 대해 논의한다.

4장은 사회적 소통의 질적 지표에 대한 조사결과를 다룬다. 본 연구팀이 개발한 소통의 질 측정척도를 소개하고, 이를 적용한 사회집단별 진단결과를 제시한다. 5장은 온라인/오프라인 매체를 통한 소통시간과 소통의 질 간의 관계를 분석하여, 온라인 매체의 도입으로 소통의 질에 어떠한 변화가 있을 것인지 논의한다.

6장은 소통의 질과 토론속도주의, 집단동조성향, 정치적 관용, 정치효능감 간의 관계를 살펴본다. 이를 통해 한국적 소통방식이나 민주적 시민성이 소통의 질에 어떤 영향을 미치는지 살펴보고 그 함의를 논의한다.

7장은 시민들의 사회적 소통의 범위를 다룬다. 즉, 사회적 이슈에 대해 대화나 토론을 하는 소통상대방의 수와 반대의견을 가진 상대방 수가 사회집단별로 어떻게 차이나는지 살펴본다. 또한 온라인 소통매체의 도입은 이러한 소통범위에 어떤 영향을 미치는지 분석한다.

8장은 시민들의 소통주제에 관한 분석결과를 제시한다. 사회집단별로 자주 이야기하는 소통주제는 무엇이며, 전체 소통주제항목 중에서 사회적 이슈의 위치는 어떠한지 살펴본다. 주요 소통주제 중 사회적 이슈를 선택한 비율과 사회적 소통시간의 관계를 통해 소통주제의 다양성과 사회적 소통의 관계에 대해 논의한다.

9장은 사회적 소통과 이슈 이해도, 소통유대감, 소통만족도의 관계를 다룬다. 이를 통해 소통매체와 소통의 질의 하위차원이 단기적인 소통결과에 어떠한 영향을 미치는지 살펴본다.

10장에서는 본 연구의 조사결과를 종합하고 연구의 한계와 의의를 논의한 후, 향후 연구과제를 제안한다.

CHAPTER

2장 연구방법 및 응답자 특성

2.
연구방법 및 응답자 특성

1. 조사방식

본 연구의 설문조사는 여론조사기관인 현대리서치에 의뢰하여 가구방문 1대 1 면접조사의 방식으로 실시되었다. 전국 16개 시·도의 만 19세 이상 성인 남녀 1,000명을 대상으로 인구비례할당추출법으로 성, 연령, 지역 차원이 대표되도록 표집하였다. 인구구성비율은 2013년 주민등록 인구통계를 기준으로 하였다. 조사기간은 2014년 6월 30일부터 7월 30일까지였다. 조사된 자료에서 불성실 응답을 세외하여 최종 983명분의 데이터가 통계분석에 이용되었다.

2. 응답자 특성

최종 수집된 조사 참여자의 성별 응답자 수는 남성 483명(49.1%)과 여성 500명(50.9%)이었다. 세대별 응답자 수는 20대 이하 162명(16.5%), 30대 198명(20.1 %), 40대 218명(22.2%), 50대 196명(19.9%), 60대 이상 209명(21.3%)이었다. 지역별로는 서울(20.7%), 경기(22.9%), 인천(5.6%) 등 수도권이 전체의 48.5%를 차지하였다. 지역크기로는 대도시 46.1%, 중소도시 48.9%, 읍면지역 5%였다.

학력별로는 초졸 이하 31명(3.2%), 중졸 91명(9.3%), 고졸 391명(39.8%), 대졸 457명(46.5%), 대학원 재학 이상 8명(0.8%), 무응답 5명이었다. 가구원 수는 4인 가족이 가장 많았고(53.5%), 3인 가족(21.2%), 2인 가족(14.8%) 순이었다. 월평균 가구소득은 301~400만원 사이(26.6%)가 가장 많았고, 401~500만원(24.1%), 501~600만원(15.7%), 201~300만원(15.7%) 순이었다.

상세한 응답자의 인구사회학적 특성은 <표 2-1>, <표 2-2>, <표 2-3>에 제시된 바와 같다.

<표 2-1> 조사 응답자의 특성 I

(명, %)

항목		빈도	비율
성별	남성	483	49.1
	여성	500	50.9
연령	20 대	162	16.5
	30 대	198	20.1
	40 대	218	22.2
	50 대	196	19.9
	60 대	209	21.3
학력	초졸 이하	31	3.2
	중학교	91	9.3
	고등학교	391	39.8
	대학교	457	46.5
	대학원	8	0.8
	무응답	5	0.5
가구원 수	1 인	24	2.4
	2 인	145	14.8
	3 인	208	21.2
	4 인	526	53.5
	5 인	69	7.0
	6 인 이상	11	1.1

항목		빈도	비율
거주지역	서울	203	20.7
	부산	71	7.2
	대구	48	4.9
	인천	55	5.6
	광주	27	2.7
	대전	27	2.7
	울산	22	2.2
	경기	225	22.9
	강원	29	3.0
	충북	30	3.1
	충남	41	4.2
	전북	38	3.9
	전남	38	3.9
	경북	54	5.5
	경남	64	6.5
	제주	11	1.1
지역구분	대도시	453	46.1
	중소도시	481	48.9
	읍/면지역	49	5.0

<표 2-2> 조사 응답자의 특성 II (명, %)

항목		빈도	비율
사회자본 (사회활동 모임 수)	없음	42	4.3
	1 개	143	14.5
	2 개	310	31.5
	3 개	284	28.9
	4 개	105	10.7
	5 개	67	6.8
	6 개	18	1.8
	7 개	8	0.8
	8 개 이상	6	0.6
정치·사회 성향	매우 진보	8	0.8
	진보	110	11.2
	다소 진보	166	16.9
	중도	333	33.9
	다소 보수	209	21.3
	보수	148	15.1
	매우 보수	9	0.9

항목		빈도	비율
가구소득 (월 평균)	~100 만원	17	1.7
	101~ 200 만원	77	7.8
	201~ 300 만원	154	15.7
	301~ 400 만원	261	26.6
	401~ 500 만원	237	24.1
	501~ 600 만원	154	15.7
	601~ 700 만원	59	6.0
	701~ 800 만원	11	1.1
	801~ 900 만원	4	0.4
	901~ 1,000 만원	5	0.5
	1,001 만원 이상	4	0.4
지지정당	새누리당	328	33.4
	새정치 민주연합	225	22.9
	통합 진보당	33	3.4
	정의당	23	2.3
	노동당	5	0.5
	기타	8	0.8
	없음	361	36.7

<표 2-3> 조사 응답자의 특성(직업)

(명, %)

구분	직업	빈도	비율
관리직	종업원 5인 이상 사업체/기관의 경영자 및(부)기관장	9	0.9
	5급 이상 공무원	2	0.2
	기업체 차장급 이상 간부	14	1.4
전문직	의사/한의사/약사	2	0.2
	교수/교사/강사/조교/성직자	11	1.1
	간호사/물리치료사/응급구조사/위생사 등	7	0.7
	영양사	1	0.1
	법무사/노무사/변리사/회계사/감정평가사/사회복지사 등	4	0.4
	자연과학/공학 분야 연구원, 설계사, 컴퓨터 프로그래머	1	0.1
	금융, 광고, 마케팅, 조사 전문가	3	0.3
사무직	6급 이하 공무원, 과장급 이하 사무원	153	15.6
서비스직	경찰관, 소방관 및 보안 서비스 종사자	20	2.0
	미용사/이용사/피부관리사	27	2.7
	간병인, 승무원/안내원	5	0.5
	요리사/조리사	32	3.3
문화·예술직	문화, 예술, 방송, 연예분야 종사자	5	0.5
	스포츠분야 종사자	1	0.1
판매직	영업직, 매장 판매 종사자, 매표원, 텔레마케터	214	21.8
농림어업	농업, 임업, 어업, 축산업 종사자	18	1.8
기능직 1	식품, 섬유 및 가죽, 목재, 금속, 건축 등 공예기능 활용	27	2.7
	자동차, 건설 장비 등의 설치 및 정비업무 종사자	31	3.2
	통신장비, 전자제품 등의 설치 및 수리 업무 종사자	12	1.2
기능직 2	(공장의) 기계의 조작 및 조립 업무 종사자	38	3.9
	운전사/철도 기관사/굴착기, 크레인 기사 등	10	1.0
단순노무직	건설업 및 광업 일용직 근로자	15	1.5
	택배원, 배달원, 환경미화원, 경비원 등	14	1.4
	육아 도우미, 가사 도우미, 음식 조리 보조자	9	0.9
주부	전업 가정주부	216	22.0
기타	군인	3	0.3
	33 학생	76	7.7
	35 무직	3	0.3

3. 주요 조사항목 및 변인의 구성

연구팀은 사회적 소통의 진단을 위해 사회적 이슈에 관한 소통시간, 소통상대방, 소통의 질, 소통과정 및 결과, 소통주제, 일상적 소통행태, 소통가치, 사회자본, 정치사회학적 변인, 인구사회학적 변인 등으로 이루어진 설문지를 구성하였다. 설문지의 주요 조사항목은 <표 2-4>, <표 2-5>에 제시되어 있다.

<표 2-4> 주요 조사내용 및 항목I

조사내용	조사항목	문항수	비고
사회적 소통시간	매체별 소통시간	5	지난 1주 기준, 매체별 하루 평균 이용시간
	매체별 수용시간	4	
	매체별 글쓰기 시간	4	
	매체별 반대의견 비율	5	
사회적 소통의 상대방	매체별 상대방 수	4	1주일 기준
	매체별 반대의견 상대방 비율	4	
	매체별 낯선 상대방 비율	4	
사회적 소통의 질	경청	4	
	상호작용성	3	
	반대의견 듣기	3	
	합리성	5	
	소통예의	4	
사회적 소통의 결과	대화나 토론 여부	1	
	합의도출 여부	4	이견이 있는 경우에만 질문
	이슈 이해 만족도	3	
	소통만족도	3	
	소통유대감	4	
	소통신뢰	3	
소통주제	대화나 토론 주제	5	24개 범주 중 5가지 선택
	긍정적 감정의 주제	1	1개 선택
	부정적 감정의 주제	1	1개 선택

<표 2-5> **주요 조사내용 및 항목Ⅱ**

조사 내용	조사 항목	문항 수	비고
일상적 소통행태	동조성향, 개인/집단주의 성향	10	
소통가치	토론속도주의, 표현주의 자유 등	13	양편에 대립되는 진술문 배치
사회자본	도움요청 사람 수	1	
	사회활동모임 수	1	오프라인에서 정기 모임을 갖는 경우만
	사회활동모임 참여빈도	1	
	사회적 신뢰	9	가족, 친구, 이웃, 동호회, 낯선 사람, 정부, 정당, 대기업, 언론에 대한 신뢰 정도
정치 사회학적 변인	정치효능감	5	
	일반적 신뢰	4	
	정치적 관용	5	
정치·사회적 성향	정치사회적 성향	1	
	정치성향 확신 정도	1	
	정치성향 변경 가능성	1	
	지지 정당	1	
미디어 이용시간	미디어 이용 시간	4	방송, 신문, 인터넷, 책 오락 목적 미디어 이용시간 포함
인구사회학적 변인	성별	1	
	나이, 출생연도	2	
	학력	1	
	지역, 지역크기	2	
	가구원 수	1	
	가구평균소득	1	상여금, 이자, 임대수익 포함
	직업	1	12 개 유형 35 개 항목

본 연구의 핵심 개념인 '사회적 소통(societal communication)'이란 사회 또는 사회가 조직되는 방식과 관련이 있는 소통을 말하며, 구체적으로는 '사회적 이슈에 관한 소통'으로 정의되었다. 사회적 이슈에 관한 뉴스의 수용이나 대화는 사회 및 국가 공동체의 구성 및 민주주의 정치 제도의 실질적 운영을 위해 반드시 필요한 소통 유형이다. 여기서 '사회적 이슈'는 '사회적 논란의 대상이 되는 주요 사회적 의제'로 정의되었고, 응답자의 이해를 돕기 위해 조사 당시 주요 이슈였던, '지방선거', '총리 후보자의 자질', '철도노조 파업', '밀양 송전탑 건설', '세월호 정부 대응방식' 등이 사회적 이슈의 사례로 제시되었다.

1) 사회적 소통시간

사회적 소통시간은 '사회적 이슈에 관한 소통활동의 시간'을 말하며, 소통의 양(quantity)를 측정하기 위해 조사문항에 포함되었다. 지난 1주를 기준으로 하여 매체별 하루 평균 소통시간을 응답하는 방식으로 측정되었다. 매체는 소통활동이 이루어지는 매개체(medium)를 말하며, 쌍방 간의 대화/일방향적인 전파, 매개성/직접성(면대면) 등을 기준으로 자주 이용되는 5개 유형의 소통매체가 구분되었다.

① 뉴스매체 소통시간: 종이, 전파, 케이블, 인터넷망 등 주로 뉴스를 일방향적으로 전파하는 매체를 통한 소통시간을 말한다. 시민들은 신문사, 방송사, 인터넷 언론사 등 언론기관에서 제공하는 뉴스를 주로 수용하는 방식으로 소통활동을 한다. 종이, 방송전파, 인터넷망 등 구체적인 뉴스전달 매개체는 구별되지 않았다. 따라서 본 연구의 뉴스매체 소통시간은 전통적 언론매체 이용시간뿐만 아니라, 인터넷 언론사와 포털사이트를 통한 뉴스 이용시간도 포함된다. 응답자들에게 "뉴스매체"는 "신문사, 방송사, 인터넷 언론사 등 뉴스를 제공하는 언론매체"로 설명되었다.

② 인터넷 커뮤니티 소통시간: 인터넷 동호회나 카페, 클럽 등을 통해 사회적 이슈에 관한 정보나 의견을 주고받는 소통시간을 말한다. 온라인 게시판을 매개로 다수의 게시자들이 다수의 독자와 소통하는 형태가 중심이 된다는 점에서 온라인 소통의 다른 두 유형인 소셜 미디어 및 매개된 대화와 차이가 있다.

③ 소셜 미디어 소통시간: 블로그, 트위터, 페이스북, 싸이월드, 다음, 카카오스토리 등 개인적으로 구분된 웹페이지를 매개로 친구 및 익명의 독자들과 사회적 이슈에 관해 소통하는 시간을 말한다. 소셜 미디어를 통한 소통은 개인적 관계를 기반으로 한다는 점에서 인터넷 커뮤니티와 다르며, 일방향적인 전파 형태의 소통도 포함한다는 점에서 매개된 대화와 구분된다.

④ 매개된 대화 시간: 온라인으로 매개되어 이루어진, 사회적 이슈에 관한 쌍방 간의 대화 시간을 말한다. 카카오톡, 네이트온, 라인(네이버) 등 온라인 메신저 서비스나 휴대폰 문자, 전화, 이메일을 통한 소통활동을 포괄한다.

⑤ 면대면 대화 시간: 가장 기본적인 소통활동의 유형으로, 사회적 이슈에 관해 직접 얼굴을 보며 나누는 대화시간을 의미한다.

2) 사회적 소통의 상대방

뉴스매체를 제외한 인터넷 커뮤니티, 소셜 미디어, 매개된 대화, 그리고 면대면 대화를 통하여 사회적 이슈에 관해 대화나 토론을 나눈 상대방의 수와 '반대의견을 가진 사람의 비율', '낯선 사람의 비율'이 조사되었다. '낯선 사람'은 '직접 만나본 적이 없는 사람'으로 정의되었다. '반대의견 상대방 수'와 '낯선 상대방 수'는 소통상대방 수에 각각의 비율을 곱해 산출되었다.

3) 소통의 질

소통의 질(quality)은 소통과정의 뛰어남 또는 좋음의 정도를 의미한다. 본 연구에서는 개인의 소통행위가 대표적인 소통의 평가기준인 상호성, 합리성, 소통예의에 적합한지로 측정되었다. 제시된 진술문에 자신의 소통행위가 얼마나 부합했는지를 리커트 7점 척도[1]로 된 보기에서 응답자들이 선택하도록 하였다. 조사문항은 상호성 10문항(경청(4), 상호작용성(3), 반대의견 듣기(3)), 합리성 5문항, 소통예의 4문항 등의 총 19문항이었다. 응답된 데이터에 대한 주성분 분석(principal component analysis)을 실시하여 요인구조를 추출하고 타당성을 검토한 결과, 상호성, 합리성, 반대의견 듣기, 소통예의 등 네 가지 차원으로 소통의 질 지표를 구성하여 분석에 사용하였다.

4) 소통결과

연구팀은 사회적 이슈에 관한 소통의 양이나 방식이 소통결과에 어떤 영향을 미치는지 알아보기 위해 사회적 이슈에 관한 소통결과에 대해 조사하였다. 소통결과의 하위차원은 합의도출여부, 이슈 이해 만족도, 소통 만족도, 소통유대감, 소통신뢰로 이루어졌고, 7점 리커트 척도로 조사되었다. 조사된 데이터의 신뢰도 등에 문제가 있어 이중 이슈 이해 만족도, 소통만족도, 소통유대감의 일부 문항(각 3개 문항)만 분석에 사용되었다.

5) 일상적 소통행태

한국적 소통문화와 사회적 소통의 관계를 탐색하기 위해 동조성향, 집단주의/개인주의 소통행위에 관련된 10개의 문항을 조사에 포함시켰다.

---

1) "전혀 그렇지 않다"-"그렇지 않다"-"약간 그렇지 않다"-"보통이다"-"약간 그렇다"-"그렇다"-"매우 그렇다"

이 문항들은 일상적 소통행위를 알아보기 위한 것이기 때문에 “평소 다른 사람들과 어떻게 대화나 토론을 하는지”에 대해 질문하였다. 기간(예: 1주일)은 한정되지 않았고, 사회적 소통 외에 다른 주제에 대한 소통도 포괄하는 것이었다. 응답된 문항 중 주성분 분석에서 하나의 요인으로 묶이고, 문항들 간의 신뢰도가 확보된 4개 문항만 ‘집단동조성향’ 변인으로 분석에 사용되었다.

6) 소통가치

소통가치에 관한 믿음과 사회적 소통의 관계를 연구하기 위해 소통가치에 관한 13개 문항을 측정하였다. 최윤정과 이종혁(2012b)의 ‘토론속도주의’ 문항과 표현의 자유, 소통예의, 합리성 등에 관한 응답자의 의견을 물었다. 일반적인 가치에 관한 진술로는 변별력 있는 응답을 얻지 못할 것이라는 판단에 따라, 서로 대립되는 진술문을 함께 제시하고 이를 동의하는 정도를 7점 척도의 보기에 표기하도록 하였다. 수집된 데이터 중 문항들 간 신뢰도가 확보된 4개 문항만 ‘토론속도주의’ 변인으로 분석에 사용하였다.

7) 소통주제

시민들의 주요 대화주제는 무엇이며, 이중 사회적 이슈는 어떤 위치를 갖는지 알아보기 위해 소통주제에 관한 문항을 포함시켰다. 총 24개 주제(기타 포함) 중 가장 많이 다루는 대화나 토론, 이야기 주제 5개를 기입하도록 하였다.

24개 대화주제는 공적 활동 6개, 사적 활동 13개, 성찰적 활동 4개로 구성되었다. 공적 활동의 주제항목으로는 정치·사회적 이슈, 지역공동체 이슈, 정당/시민단체 참여, 자선/봉사단체 참여, 일-직업-직장, 사교모임이 있었다. 사적 활동의 주제항목은 크게 문화와 생활로 구분되었다. ‘문화’에는 대중문화, 문화(작품 및 연예인, 예술가), 스포츠·레저 활동, 게임과 오락, 문화활동(창작, 공연, 연습), 취미활동 등이, '생활'에는 가사, 쇼핑-물건, 돈-재정, 건강-다이어트-미용, 연애 및 가족관계, 육아-자녀교육, 가족행사 등이 포함되었다. 성찰적 활동주제에는 학습활동과 종교, 자아성찰에 관한 주제가 포함되었다. 구체적으로 실용지식 및 학습, 학문 및 상식, 종교 및 정신수련, 인생 및 자아 등 4개 항목이 제시되었다.

8) 소통관련 정치사회학적 변인

개발된 소통의 질 지표의 타당성을 검토하고, 사회적 소통의 사회적 함의를 연구하기 위해 정치적 관용, 정치효능감, 사회 신뢰에 관한 문항들이 조사에 포함되었다. 이에 관한 자세한 내용은 6장 1절에 소개되어 있다.

9) 인구사회학적 변인

개인의 사회적 조건과 사회적 소통의 관련성을 탐색하기 위해 다양한 인구사회학적 변인들이 조사되었다. 이 중 성별, 연령, 교육, 소득, 직업, 가구원 수, 사회자본(사회활동모임 수)을 소통진단의 주요 범주로 다루었다. 즉, 이들 변인의 하위집단별로 소통의 양과 질, 범위(소통상대방) 등에 대한 현 상태를 진단하였다. 성별, 연령은 조사된 하위집단 범주가 그대로 사용되었고, 가구원 수와 사회활동모임 수는 각각 '5인 이상 가족'과 '4개 이상 참여'를 최대 수치 유목으로 하여 분석하였다.

학력집단은 사례수가 적은 유목을 인접 유목과 합하여 '중등 이하', '고등학교', '대재 이상' 세 개 범주로 구분하였다. 소득집단은 월평균소득 300만원 이하는 소득하위집단, 301~500만원은 소득중위집단, 500만원 이상은 소득상위집단으로 구분되었다. 총 35개 유목으로 조사된 직업집단은 통계청 직업분류를 기본으로 하여 총 12개 하위범주로 구분되어 분석에 사용되었다. 또한 직업의 특징과 사회적 소통의 관계를 탐색적으로 살펴보기 위해, 업무의 대인접촉 유무, 조직소속 유무, 지식노동 유무로 직업을 구분하기도 하였다. 대인접촉 유무는 사람을 만나는 일을 직업으로 갖는 경우와 그렇지 않은 경우의 차이를, 조직소속 유무는 대규모 조직에 속한 경우와 그렇지 않은 경우의 차이를, 지식노동 유무는 지식노동에 해당되는 일을 하는 경우와 그렇지 않은 경우의 차이를 연구하기 위해 세부 직업 유목을 각각 두 유형으로 구분하였다. 구체적인 구분방식은 <표 2-6>과 같다.

<표 2-6> 대인접촉, 조직소속, 지식노동에 따른 직업 구분방식

구분기준	범주	소속 직업 유목
대인접촉	대인접촉직업	판매직, 의사-약사 등
		교수-교사-강사 등
		간호사-위생사 등
		법무사-노무사 등
		미용사 등
		간병인-승무원 등
		육아도우미 등
	대인비접촉직업	그 외 나머지 직종(학생, 무직 제외[2])
조직소속	조직소속	관리직, 사무직, 경찰관-소방관 등, 군인
	조직비소속	그 외 나머지 직종(학생, 무직 제외)
지식노동	지식노동	관리직(3 개), 전문직(7 개), 사무직
	비지식노동	그 외 나머지 직종(학생, 무직 제외)

2) 집단 간 비교에서는 학생과 무직이 분석대상에서 제외되었지만, 회귀식에 해당 변인이 다루어질 때는 학생과 무직도 비대인접촉업무, 조직비소속, 비지식노동 범주에 해당되는 0의 값을 부여하여 분석에 포함시켰다.

CHAPTER

3장 사회적 소통의 양: 시민들은 사회적 소통을 얼마나 하는가?

3.
사회적 소통의 양: 시민들은 사회적 소통을 얼마나 하는가?

우리 사회의 성원들은 사회적 이슈에 관해 얼마나 많이 '소통'하고 있을까? 사회적 이슈에 관한 소통량은 사회적 소통의 가장 기본적인 지표가 된다. 만약 사회적 이슈에 관한 정보와 의견을 거의 주고받지 않는 사람이 있다면, 그는 사회적 소통의 흐름에서 벗어나 있고, 공중(public)으로서 사회적 여론형성 과정에 기여하지 못하고 있다고 말할 수 있다. 또한 그에게서 정치적 판단이나 선택의 합리성을 기대하기 어려울 것이다.

정치커뮤니케이션 연구에서 소통량은 주로 정치지식과 정치참여의 선행 변인으로 다루어져 왔다. 매체별 차이가 있지만, 대체로 정치적 뉴스 수용이나 시민들 간의 대화량이 많을수록 정치지식이 높거나 정치참여를 많이 하는 것으로 알려져 있다(권혁남, 2011; 김춘식, 2013; 민영·노성종b, 2011; 민영·주익현, 2007; 이철한·현경보, 2007). 예를 들어, 김춘식(2013)의 연구에서 시민들 간의 면대면 대화와 온라인 소통은 정치 참여에, 텔레비전과 신문 뉴스 수용은 정치 지식에 각각 긍정적인 영향을 미쳤다. 시민들의 높은 정치지식 수준과 활발한 정치참여는 민주주의 발전에 필요한 기본적 전제라 할 수 있다. 이러한 점에서 소통의 양적 지표에 관심을 기울일 필요가 있다.

여론형성 과정에 주목한다면 사회적 소통의 양은 개인이 사회적 소통망에 접속한 정도를 나타내는 지표로 접근할 수 있다. 즉, 개인이 뉴스를 접하거나 다른 사람들과 대화한 시간은, 대중매체와의 대화를 통하여 형성된 사회적 의견과 정보의 흐름에 그가 얼마나 참여하고 영향받고 있는지를 보여준다. 사회적 소통의 흐름에 관여한다는 것은, 다른 공중(public)들과 연계의식을 느끼고, 보다 일반적인 판단을 공유하며, 대중심리에 휩쓸리기 쉬워지게 됨을 의미한다(Tarde, 1902/2013).

집합적인 관점에서 볼 때, 한 사회의 평균 사회적 소통량이 크다는 것이 반드시 사회통합이나 민주주의에 기여하는 것은 아닐 것이다. 그것은 권력을 민주화하고 사회적 갈등을 순화시키며, 국가 및 지구 공동체 단위의 사회적 연대를 강화시킬 수도 있지만, 반대로 소수에 대한 다수의 사회적 압력을 증가시키거나 비합리적 감정을 확산시키며, 특정 개인이나 집단에 대한 공격의 지속성이나 잔인성을 배가시킬 수도 있다. 한 사회에서 사회적 소통량이 많다는 것은 이러한 기회와 위험이 동시에 커진 상황을 의미한다. 그런데 그것이 적다는 것은 그런 기회와 위험이 없는 중립적인 상태가 아니라, 사회적 공론장이 정치적 무관심으로 활기를 잃고, 사회적 연계의식이 약화되고 있음을 나타낸다고 할 수 있다. 그것은 명백히 부정적인 지표이다.

이 장에서는 먼저 본 연구에서 측정한 사회적 소통의 양적 지표에 대해 설명하고 구체적인 측정 방식과 지표 하위항목의 의미에 대해 상세히 다룬다. 다음으로 지표 하위항목별로 조사와 분석결과를 제시할 것이다. 양적 지표의 하위항목으로는 사회적 소통시간, 온라인 소통시간, 면대면 소통시간, 뉴스매체 소통시간, 상호작용적 소통시간 등이 다루어진다.

이 책에서 사회적 소통의 양적 지표의 조사결과는 사회집단 간 차이에 대한 분석결과를 바탕으로 제시되며, 새로운 소통 매체의 도입으로 사회적 소통시간의 구성이 어떻게 변화하고 있는지에 초점을 맞춘다.

1. 사회적 소통의 양적 지표

본 연구에서 사회적 소통의 양적 지표는 '사회적 이슈에 관한 소통활동 시간'으로 측정되었다. 구체적으로 그것은 지난 1주를 기준으로 매체별 하루 평균 이용시간을 조사한 뒤, 이를 합산하는 방식으로 구성되었다.

정치 커뮤니케이션 연구에서 주로 사용되는 '정치적 이슈'에 관한 소통시간이 아니라 '사회적 이슈'에 관한 소통시간으로 조사한 것은, 소통량의 의미를 정치적 소통의 관점에 한정짓지 않고, 사회의 형성이나 유지의 차원에서도 해석하기 때문이다. '정치적 이슈'라는 표현은 일반적으로 정치권과 행정부 활동만을 지칭하는 것으로 좁게 해석되는 경향이 있는데, 이는 세월호 사건과 같은, 정치 과정에도 영향을 미칠 수 있는 사회적 이슈를 배제할 위험이 있음도 고려되었다.

설문조사에서 소통의 양은 소통시간뿐 아니라, 소통빈도나 자기보고식 설문('얼마나 많이 미디어를 이용하는가')으로도 측정된다. 소통빈도는 소통의 정기성과 지속성을 나타낸다는 장점을 가지고 있고, 자주 사용되는 척도이지만, 멀티 태스킹이 가능한 모바일 기술환경에서 취약점을 드러낸다는 점에서 조사에서 배제했다. 즉, 다른 활동을 하면서 잠깐씩 사회적 이슈에 관한 소통에 참여하는 경우, 빈도값이 과다하게 나타나기 때문에 소통량을 적절히 보여주기 어렵다. 각각의 소통활동 시간의 합산에서 문제가 발생할 수 있지만, 모바일 매체를 통한 소통활동의 경우 '소통시간'이 '빈도'보다 더 적절한 척도라고 볼 수 있다. '평소 --을 자주 접하는가'와 같은 소통량에 대한 직접 질문방식과 비교할 때 소통시간은 객관적 비교 기준이 될 수 있다는 점에서 장점이 있다. 다만, 소통시간 역시 응답자들이 실제 이용시간보다 많게 응답하는 등의 문제(백영민·김은미·이준웅, 2012)

가 있기 때문에 실제의 소통량으로 간주하기보다, 개인이 지각한 소통량으로 신중히 해석할 필요가 있다.

본 연구에서는 '사회적 소통시간'과 함께 상호작용적 소통시간을 소통의 주요 양적 지표로 다루었다. 이밖에 온라인 소통시간, 면대면 대화시간, 뉴스매체 소통시간 등 매체별 소통시간도 사회집단별로 비교·분석되었다.

1) 사회적 소통시간

'사회적 소통시간'은 사회적 이슈에 대한 정보나 의견을 교환하는 모든 형태의 소통활동 시간을 포괄한다. 이 시간은 어떤 개인이나 집단이 사회적 이슈에 관한 여론형성 과정에 얼마나 많은 시간을 할애하는지 나타낸다. 그것은 또한 사회적 이슈에 관한 소통의 흐름에 개인이나 집단이 얼마나 많이 참여하고 영향을 받는지에 관한 양적 지표가 될 수 있다.

'소통'의 개념이 내포하는 양방향적 함의와 달리, 본 연구의 사회적 소통시간에는 일방적으로 사회적 이슈에 대한 정보나 의견을 듣거나 읽는 시간이 포함되어 있다. 뉴스 수용시간을 소통시간에 포함시킨 것은 2가지 이유 때문이다.

첫째, 정보나 의견을 듣는 것도 사회적 소통의 중요 부분으로 보았기 때문이다. 수용-표현 모두를 포함하여 사회적 이슈에 할애하는 시간을 파악하는 것이 필요하다고 판단하였다.

둘째, 매스 미디어를 통한 일방향적 뉴스 수용이 상호성이 가미된 뉴스 수용으로 변화하는 경향이 있음을 고려했기 때문이다. 앞으로의 뉴스의 수용은 양방향적 '소통'의 맥락에서 이루어지는 경향이 두드러질 것이다. 여전히 양방향적 소통보다 일방적인 수용이 지배적일 가능성이 높지만, 이를 '수용' 시간으로 다루기보다, 보다 포괄적인 범주인 '소통' 시간으로 다루는 것이 타당하다고 할 수 있다.

2) 면대면 대화시간

면대면 대화시간은 사회적 이슈에 대해 '직접 얼굴을 보며 하는 대화'로 소통활동을 하는 시간을 말한다. 면대면 대화는 온라인 소통이나 뉴스매체에 비해 상대적으로 소홀하게 다루어진 소통채널이었다. 그러나 뉴스매체보다 의견형성에 대한 영향력이 크고(Lazarsfeld, Berelson & Gaudet, 1944/2015) 개인의 정치적 정체성이 형성 또는 유지, 강화되는 영역(Gamson, 1992)이라는 점에서 별도의 관심을 기울일 필요가 있다.

3) 온라인 소통시간

'온라인 소통시간'은 온라인 소통매체를 통한 사회적 이슈에 관한 소통시간을 말한다. '온라인 소통매체(online communication media)'는 기계적 장치를 통해 대화나 토론, 이야기를 나눌 수 있는 매체로 정의될 수 있다. 연구팀은 여러 소통매체들을 인터넷 커뮤니티, 소셜 미디어, 매개된 대화 등 3가지 유형으로 구분하였다. 이 3가지 하위매체 유형별 소통시간을 조사한 뒤, 합산하여 온라인 소통시간 변인으로 사용하였다.

온라인 소통은 통신망을 통해 대화가 성립된다는 점에서 면대면 대화와 구별된다. 뉴스매체와는 1차적인 소통상대방이 개인이라는 점이 다르다. 뉴스매체의 경우 1차적인 소통상대방은 뉴스생산을 전문으로 하는 기관이다.

4) 뉴스매체 소통시간

뉴스매체를 통한 사회적 소통시간은 뉴스매체를 통해 사회적 이슈에 대해 소통한 시간을 말한다. 연구팀은 뉴스매체의 범주에 기존의 신문, 방송 뉴스매체뿐 아니라, 포털의 뉴스 서비스나 인터넷 신문과 같은 온라인 뉴스매체도 포함시켰다. 전자와 후자의 매체적 속성의 차이보다, 뉴스 전달과 수용이라는 기능적 공통점을 더 중요하게 생각했기 때문이다. 또한 단순히 뉴스를 수용하는 시간뿐 아니라, 뉴스 기사에 댓글을 달거나 신문, 방송사 사이트에 자신의 의견을 표현하는 시간도 포함시켰다. 그러나 뉴스 매체와의 소통에서 자신의 의견을 표현한 경험이 있는 응답자는 전체의 3.1%에 불과했고, 뉴스매체 글쓰기 평균 이용시간은 0.4분에 지나지 않았다.

5) 상호작용적 소통시간

'상호작용적 소통시간'은 동료 시민들과 사회적 이슈에 관해 대화나 토론, 이야기를 나눈 시간을 나타낸다. 구체적으로 그것은 면대면 대화시간과 쌍방향적으로 진행된 온라인 소통시간을 합산하여 계산되었다.

흔히 온라인 소통매체의 도입으로 인해 소통의 상호작용성과 쌍방향성이 증가하고 있다는 진술을 접할 수 있다. 그런데 소통의 이러한 성격은 면대면 대화에서 가장 잘 발휘된다. 따라서 사회적 소통의 상호작용성 증가를 논하기 위해서는, 온라인 소통뿐 아니라 기존의 면대면 대화도 함께 고려되어야 할 것이다.

상호작용적 소통시간 변인의 또 다른 의미는, 그것이 뉴스 기관이 아니라, 동료 시민을 소통상대방으로 하는 소통시간을 다룬다는 점이다. 매체융합 시대 사회적 소통의 가장 중요한 변화는 이 같은 소통상대방의 변화에서 발생할 수 있다. 이는 주류 언론의 영향력이나 사회적 소통흐름과 관련하여 중요한 함의를 갖는다.

2. 사회적 소통시간

1) 집단별 사회적 소통시간의 차이

사회집단별 사회적 소통시간은 성, 세대, 학력, 소득수준, 정치사회적 성향, 사회활동모임 수, 직업유형 등 대부분의 인구사회학적 변인에 따라 차이가 나타났고, 가구원 수는 별다른 영향이 없었다.

'성별'로 볼 때 남성은 사회적 이슈에 대한 소통시간으로 평균 2시간 43분 사용한 데 비해 여성은 2시간 27분이었다. 두 집단에서 특히 많은 차이가 나타난 매체유형은 '뉴스매체' 이용 시간으로, 남성이 여성보다 뉴스매체를 10분 더 많이 이용한 것으로 나타났다.

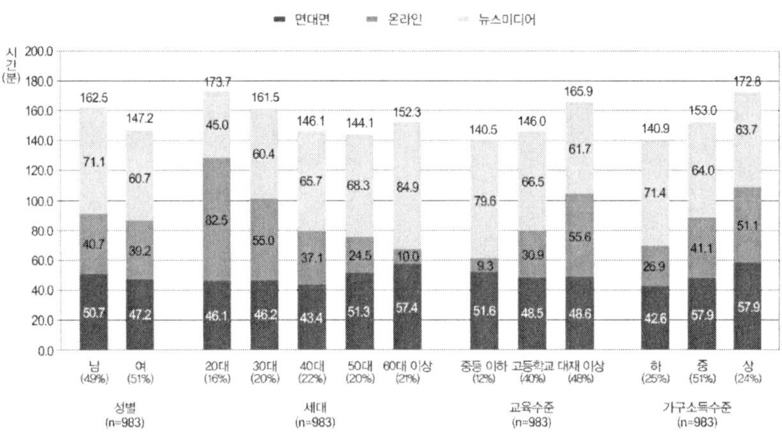

〈그림 3-1〉 **사회집단별 하루 평균 사회적 소통시간 I**(단위: 분)

'세대'를 구분해 보면, 20대가 2시간 54분으로 사회적 소통시간이 가장 많았고, 그 다음이 30대(2시간 42분)었다. 20대에서 50내로 나이가 많아질수록 소통시간이 줄어들다가, 60대 이상에서는 증가하는 패턴이 나타났다. 40대는 2시간 26분, 50대는 2시간 24분, 60대 이상은 2시간 32분을 사회적 이슈에 대한 소통에 할애하였다. 50대까지 사회적 소통시간이 줄어드는 것은 30대 이후로 직업생활이나 자녀양육에 생활의 많은 부분을 할애해야 하기 때문으로 보인다. 60대 이후로는 여가시간이 많아져서 다시 사회적 이슈에 대한 소통시간도 증가되었다. 60대 이상에서는 특히 면대면 대화를 통한 사회적 소통시간과 아울러 뉴스매체를 통한 사회적 소통시간의 증가가 두드러졌다.

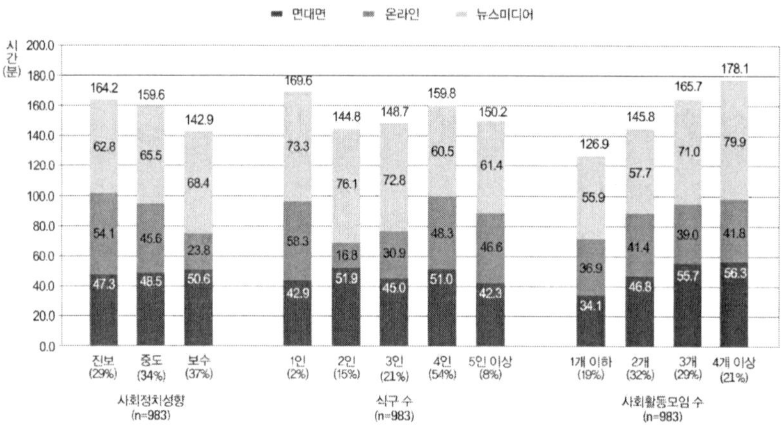

〈그림 3-2〉 **사회집단별 하루 평균 사회적 소통시간 II(단위: 분)**

'학력'을 기준으로 구분된 학력집단에서는 중등 이하 학력집단이 2시간 20분, 고등학교는 2시간 26분, 대학 재학 이상 학력집단이 2시간 46분을 사회적 소통시간에 사용하여, 교육수준이 높은 집단일수록 사회적 소통시간이 증가하는 패턴이 나타났다. '소득집단'에서도 비슷한 패턴을 보였다. 소득 하위집단은 2시간 21분, 중위집단은 2시간 33분, 상위집단은 2시간 53분으로, 소득수준이 높은 집단일수록 사회적 소통시간에 할애하는 시간이 더 많았다. 또한 '정치사회적 성향'에서는 진보 2시간 42분, 중도 2시간 40분, 보수 2시간 23분을 사회적 소통시간에 할애하는 것으로 나타났다.

사회적 소통시간은 각 개인이 정기적으로 참여하는 '사회활동모임의 수'에 따라서도 차이를 보였다. 많은 모임에 참여할수록 사회적 소통시간이 많아지는 패턴이 나타났다. 1개 이하 참여집단은 2시간 7분, 2개 참여집단 2시간 26분, 3개 참여집단 2시간 46분, 4개 이상 참여집단은 하루 2시간 58분을 사용하였다. 사회활동모임 수에 따른 차이는 유의미했지만, '가구원 수'에 따른 차이는 유의미한 수준이 아니었다. 1인가구 집단이 2시간 50분으로 가장 많았고, 그 다음은 4인가구 집단(2시간 40분)이었다. 2인가구 집단은 2시간 24분으로 가장 적게 소통하였다.

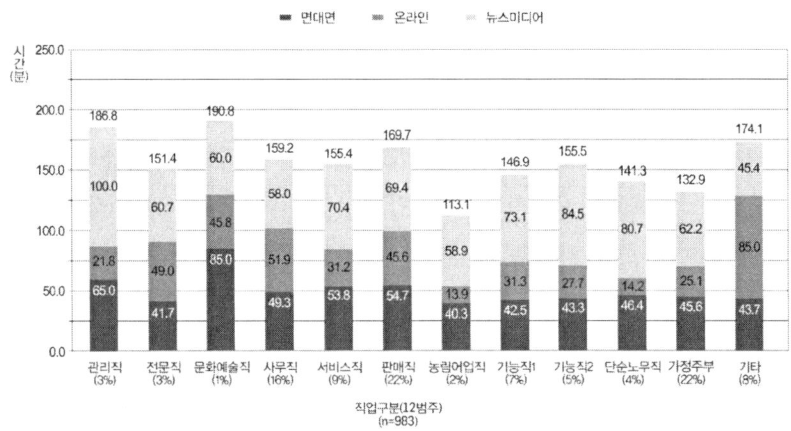

〈그림 3-3〉 **직업별 하루 평균 사회적 소통시간**(단위: 분)

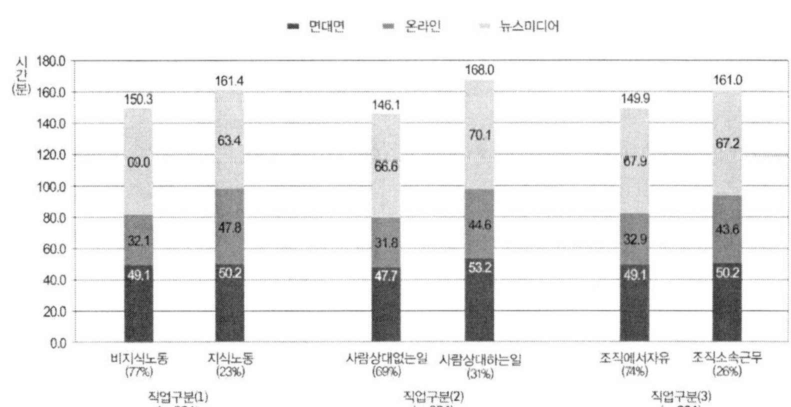

〈그림 3-4〉 **직업유형별 하루 평균 사회적 소통시간**(단위: 분)

'직업'과 관련하여서도 각 직업군의 특성에 따라 사회적 소통시간에 할애하는 정도가 다르게 나타났다. 문화예술직이 3시간 11분으로 가장 많았고, 전문직(3시간 7분), 학생과 무직이 포함된 기타(2시간 54분), 판매직(2시간 50분), 사무직(2시간 40분) 순이었다. 농림어업직(1시간 53분)과 가정주부(2시간 13분), 단순노무직(2시간 21분)은 상대적으로 적은 시간을 사회적 이슈에 관한 소통에 할애하였다. 연구팀은 또한 직업을 업무상 대인접촉이 빈번한 직종과 그렇지 않은 직종, 대규모 조직에 소속된 직종과 그렇지 않은 직종, 지식노동과 비지식노동 등 3가지 기준으로 유형화하여 집단 간 소통특성을 비교하였다. 그 결과 대인접촉 여부만이 사회적 소통시간에 차이를 주는 것으로 나타났다. 대인접촉 집단은 평균 2시간 48분 소통하는 데 비해 대인비접촉 집단은 2시간 26분 소통하여 약 22분의 차이가 났다.

2) 인구사회학적 요인이 사회적 소통시간에 미치는 영향

그런데 한국 사회는 남성이 여성보다, 젊은 세대가 노년 세대보다 학력수준이 높고, 나이가 많을수록 정치적으로 보수적인 성향을 갖게 되는 것과 같이 인구사회학적 변인 간 상관관계가 뚜렷한 경우가 많다. 따라서 각 집단별 소통시간에 유의미한 차이가 있다고 하더라도, 이러한 차이가 해당 사회적 변인에 의한 것인지 다른 관련 변인의 영향에 의한 것인지 단정짓기 어렵다. 따라서 회귀분석을 통해 다른 관련 변인의 영향을 통제한 상태에서 각 인구사회적 변인이 사회적 소통시간에 미치는 영향을 살펴볼 필요가 있다. 연구팀은 성별, 연령, 교육수준(재학연한), 가구소득수준, 가구원 수, 사회활동모임 수, 정치·사회적 성향, 직업유형(대인접촉 유무)을 독립변인으로 하고, 사회적 소통시간을 종속변인으로 하는 회귀분석을 실시하였다.

회귀분석결과, 사회적 소통시간에는 사회활동모임 수와 대인접촉직업 유무만이 유의미한 영향을 미치는 것으로 나타났다. 사회활동모임이 많을수록 소통시간이 많았고, 업무상 대인접촉을 하는 직종에 종사하면 그렇지 않은 경우보다 소통시간이 많았다. 이중 가장 큰 영향은 사회활동모임 수에 의한 것이었다.

<표 3-1> 인구사회학적 변인이 사회적 소통시간에 미치는 영향 (N=978)

독립변인	비표준화 계수		표준화 계수	t	유의확률
	B	표준오차	β		
(상수)	148.87	34.14		4.36	0.00
성별(1=여성)	-11.11	6.59	-0.06	-1.69	0.09
연령	-0.44	0.32	-0.06	-1.35	0.18
학력(재학기간)	0.90	1.58	0.03	0.57	0.57
소득수준(100 만원)	2.55	2.36	0.04	1.08	0.28
가구원 수	-3.91	3.80	-0.04	-1.03	0.30
사회활동모임 수	14.62	2.98	0.16	4.91	0.00
정치성향(보수성)	-4.86	2.73	-0.06	-1.78	0.08
업무유형(대인접촉)	16.65	7.59	0.08	2.19	0.03
업무유형(조직소속)	5.38	11.89	0.02	0.45	0.65
업무유형(지식노동)	-4.32	11.75	-0.02	-0.37	0.71
R^2=.06, F=5.89***					

*** p<.001

사회활동모임의 영향은 사회활동모임을 통해 다른 사람들과 만남을 가질 기회가 많을수록 사회적 이슈에 관한 소통시간이 많아진다는 것을 보여준다. 사회활동모임 자체가 사회적 이슈에 대한 소통의 장으로 기능하고 있는 것으로 보인다. 다음 절에서 살펴보겠지만, 사회활동모임은 면대면 대화시간과 뉴스매체를 통한 사회적 소통시간에 유의미한 영향을 미쳤다.

이는 사회적 소통의 장을 많이 가지고 있는 사람일수록, 이 만남에서 활용할 수 있는 사회적 이슈에 대한 정보 및 의견 수용을 많이 하는 경향이 있다고 해석될 수 있다.

대인접촉직업 유무의 경우 면대면 대화를 통한 사회적 소통시간에는 유의미한 영향이 없었다. 대신 온라인 소통 중 매개된 대화를 통한 사회적 소통시간에 영향이 있었다. 이는 업무상의 만남에서는 사회적 이슈에 대한 소통이 이루어지지 않음을 보여준다. 매개된 대화를 통한 소통시간 증가는 대인접촉형 직업을 가진 사람들이 고객관리용 소통수단으로 카카오톡이나 문자, 전화를 많이 활용하는 것과 관련이 있는 것으로 보인다. 직업적 요인으로 이들 매체의 활용능력이 높아져서 이를 통한 사회적 이슈에 대한 소통이 많아졌을 가능성이 있다. 직업과 매체 이용의 관계에 대한 추가적인 연구를 통해 이에 대한 좀 더 명확한 설명이 이루어질 수 있을 것이다.

3. 면대면 대화시간

사회적 이슈에 관한 소통에서 면대면 대화는 상대적으로 소홀히 다루어져 왔다. 그동안 학문적, 대중적 관심이 주로 새로운 커뮤니케이션 미디어 도입의 영향에 치우쳤기 때문이다. 특히 새로운 소통매체를 통해 형성되는 온라인 공론장의 가능성에 대해 많은 학문적 관심이 모아졌다. 그러나 면대면 대화는 여전히 온라인 매체보다 평균적으로 많이 이용되고 있는 사회적 소통수단이고(면대면 49분, 온라인 40분), 세대-학력수준의 영향을 받지 않고 다양한 사회집단이 골고루 이용하는 경향이 있으며, 온라인 매체를 통한 소통과 다른 특징이 있으므로, 이를 통한 사회적 소통에 대한 별도의 관심을 기울일 필요가 있다.

1) 집단별 면대면 대화시간의 차이

사회집단별 사회적 이슈에 관한 면대면 대화시간(이하 면대면 대화시간)을 살펴보면, 세대, 소득, 사회활동모임 수에 따라 집단별 차이가 있었지만, 성별, 학력, 정치-사회적 성향, 가구 수, 직업에 따른 차이는 없었다.

세대별로는 60대 이상이 57분으로 가장 많았고, 50대(51분), 30대(46분), 20대(46분), 40대(43분) 순이었다. 세대의 하위집단 간 비교에서는 20, 30, 40대와 60대 이상 간에서 의미 있는 차이가 나타났다. 교육수준별로는 면대면 대화 시간에서 차이가 없었지만 소득수준집단 간에는 차이가 있었다. 특히 소득수준에서 의미 있는 차이가 있었던 집단은 소득상위집단으로 하위집단 및 중위집단과의 비교에서 모두 유의미한 차이가 있었다. 소득상위집단은 면대면 대화에서 58분을 이용하는 반면, 하위집단과 중위집단은 각각 42분과 48분을 이용하는 것으로 나타났다.

사회자본은 면대면 대화를 통한 사회적 소통시간에 유의미한 차이를 가져왔다. 4개 이상 참여집단이 56분으로 가장 이용시간이 많았고, 1개 이하 참여집단이 34분으로 가장 적었다. 이 집단과 2개, 3개, 4개 이상 참여집단과의 비교에서 유의미한 차이가 있었다.

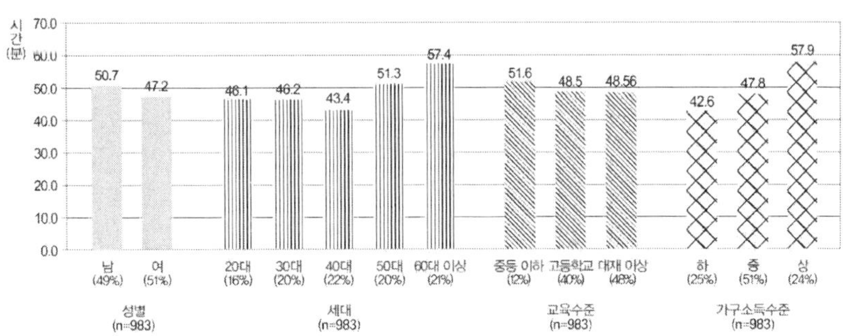

〈그림 3-5〉 **사회집단별 사회적 이슈에 관한 면대면 대화시간 I**(단위: 분)

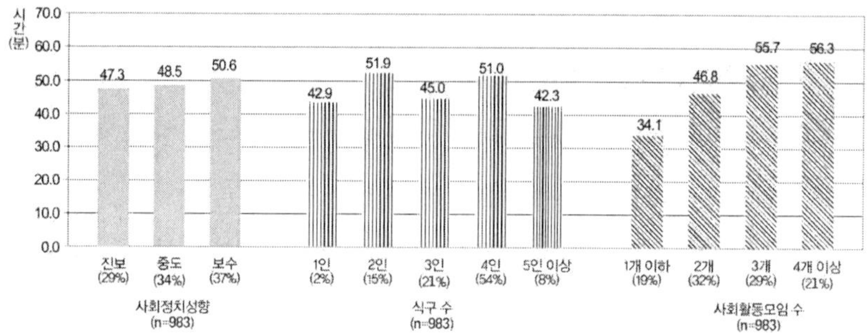

〈그림 3-6〉 사회집단별 사회적 이슈에 관한 면대면 대화시간 II(단위: 분)

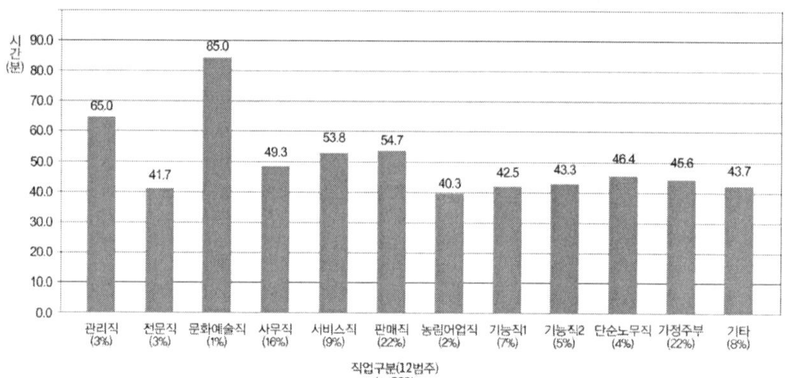

〈그림 3-7〉 직업별 사회적 이슈에 관한 면대면 대화시간

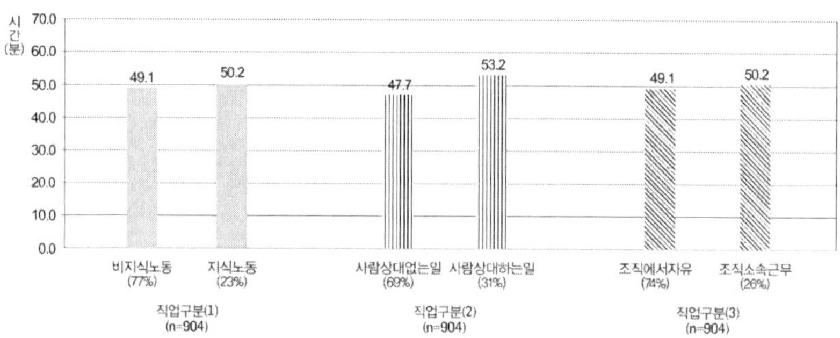

〈그림 3-8〉 직업유형별 사회적 이슈에 관한 면대면 대화시간

2) 인구사회학적 요인이 면대면 대화시간에 미치는 영향

서로 간의 상관관계로 인한 영향을 통제한 상태에서, 인구사회학적 변인이 면대면 사회적 소통시간에 미치는 영향을 확인하기 위해 실시한 다중회귀분석결과에서도, 소득수준과 사회활동모임 수만이 면대면 소통시간에 유의미한 영향을 미치는 것으로 나타났다. 소득이 높을수록, 참여하는 사회활동모임이 많을수록 면대면으로 사회적 이슈에 관해 소통하는 시간이 많았다. 전체 사회적 소통시간과 비교하면, 연령, 교육수준, 사회·정치적 성향, 직업유형(대인접촉 유무)의 영향이 유의미한 수준에 이르지 못했다.

<표 3-2> **인구사회학적 요인이 면대면 대화시간에 미치는 영향** (N=978)

독립변인	비표준화 계수		표준화 계수	t	유의확률
	B	표준오차	β		
(상수)	16.47	15.70		1.05	0.29
성별(1=여성)	-3.04	3.03	-0.03	-1.00	0.32
연령	0.27	0.15	0.08	1.82	0.07
학력(재학기간)	-0.29	0.73	-0.02	-0.39	0.69
소득수준(100 만원)	3.49	1.09	0.12	3.21	0.00
가구원 수	-1.47	1.75	-0.03	-0.84	0.40
사회활동모임 수	5.62	1.37	0.14	4.11	0.00
정치성향(보수성)	-0.01	1.26	0.00	0.00	1.00
업무유형(대인접촉)	4.33	3.49	0.04	1.24	0.21
업무유형(조직소속)	1.06	5.47	0.01	0.19	0.85
업무유형(지식노동)	-0.99	5.40	-0.01	-0.18	0.86
R^2=.05, F=4.65***					

*** p〈.001

사회자본

사회활동모임 수가 많을수록 면대면 대화시간이 많아진 것은, 이 사회활동모임이 그 자체로는 비정치적 모임이라고 하더라도 사회적 이슈에 대한 대화나 토론, 이야기의 장으로 일정한 역할을 하고 있음을 보여준다. 만약 사회활동모임이 모임의 본래 목적(친교, 스포츠, 취미, 실용, 자선, 종교 등)에만 충실한 모임이었다면, 그 모임에 쏟는 시간에 비례하여 사회적 소통시간은 잠식되었을 것이다. 하지만 이러한 잠식 현상은 나타나지 않고, 오히려 활동모임 수와 사회적 소통시간이 정비례하는 양상이 나타난 것이다. 세부적으로 보면, 사회활동모임 수는 면대면 대화와 뉴스매체를 이용한 사회적 소통시간과 비례하였다. 사회활동모임은 오프라인 모임이 있는 경우만 한정하였기 때문에, 모임의 수가 많을수록 면대면 대화의 기회가 많아지는 것은 당연한 현상이다. 그러나 이러한 면대면 대화의 기회를 사회적 이슈에도 할애할 것인가는 관찰해 봐야 할 연구대상인데, 본 조사에서는 뚜렷하게 그러한 현상이 나타났다. 사회활동모임이 사회적 이슈에 대한 대화의 장으로 활용되는 이러한 현상이 상시적으로 나타나는 것인지, 전 국민의 관심을 끄는 이슈가 있을 때에만 나타나는 현상인지는 지속적인 조사를 통해서만 알 수 있을 것이다.

사회활동모임과 뉴스매체 소통시간의 정적인 관계도 면대면 대화를 매개하여 나타난 현상으로 볼 수 있다. 좀 더 구체적으로 표현하면, 뉴스매체는 대화소재를 많이 제공하기 때문에 사회활동모임에 많이 참가하는 사람은 타인과의 대화에 활용할 정보 원천에 관심을 기울이는 것이다.[1)]

---

1) 이러한 현상은 뉴스매체 이용이 사회활동모임에 정적인 영향을 미치는 것으로도 접근할 수 있다. 미디어 이용과 사회자본의 관계를 다루는 대부분의 연구는 이러한 접근을 취한다(민영·주익현, 2007).

소득

면대면 대화에서는 소득이 높아질수록 사회적 소통시간이 많아지는 경향이 확인되었다. 이는 온라인 매체를 통한 사회적 소통과는 다른 양상이다. 집단적으로 볼 때는 온라인 매체에서도 소득상위집단이 하위집단보다 소통시간이 많았지만, 교육수준과 연령 변인을 통제하고 나면 소득의 영향은 유의미한 수준은 아니었다.

왜 소득이 높을수록 면대면 대화를 통한 사회적 소통시간이 많아지는가? 이는 사회적 지위의 효과로 추정된다. 저소득집단의 경우, 면대면 상황에서 자기 의견을 제시하는 데 위축될 수 있음에 반하여 고소득집단은 이러한 위축 현상이 상대적으로 덜하거나, 자신감 있게 자신의 의견을 표출하는 양상이 나타나기 쉽다. 하지만 많은 온라인 공론장 옹호론자들이 주장하듯이, 온라인에서는 사회적 지위에 따른 이러한 위축현상이 나타나지 않아(적어도, 학력 차이에 의한 위축에 가려질 정도로 적게 나타나) 해당 매체를 통한 소통시간의 감소가 나타나지 않았다고 볼 수 있다.

4. 온라인 소통시간

1) 집단별 온라인 소통시간의 차이

온라인 소통매체를 통한 사회적 이슈에 대한 소통시간은 면대면 대화와는 다른 패턴을 나타냈다. 사회집단별로 볼 때 세대, 학력, 소득, 정치·사회적 성향, 가구원 수에 따라 이 매체를 통한 사회적 소통시간에서 차이가 있었다. 또한 직업유형에 따른 소통시간의 차이도 관찰되었다. 성별과 사회활동모임 수에 따른 집단별 차이만이 유의미한 수준에 미치지 못했다. 이 같은 결과는 온라인 매체의 경우 면대면 대화에 비해 각 사회집단별로 그 이용시간의 편차가 '상대적으로' 크다는 것을 의미한다. 다시 말해

이 새로운 매체를 사회적 소통을 위해 활용함에 있어 집단적 격차가, 적어도 현재까지는 크게 나타나고 있다. 이는 다양한 사회집단에서 두루 이용하고 있는 면대면 대화에 비해 온라인 매체는 아직까지 사회의 일부 성원만이 이용하고 있기 때문에 나타난 현상으로 보인다.

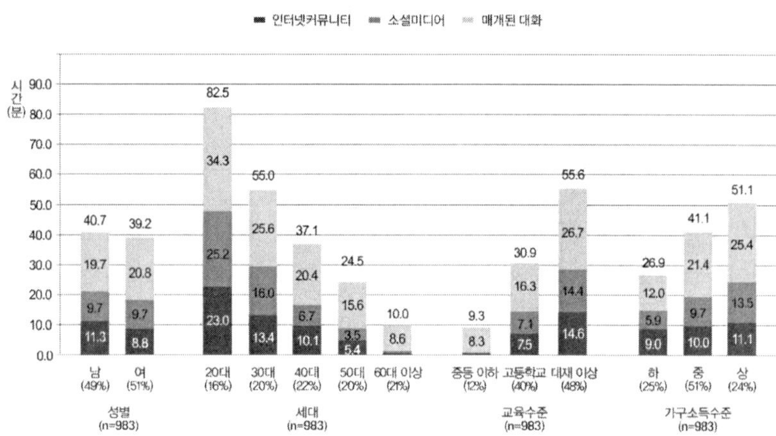

〈그림 3-9〉 **사회집단별 사회적 이슈에 관한 온라인 소통시간 I**

온라인 소통매체를 통한 남성의 사회적 소통시간은 41분으로, 여성의 39분과 큰 차이가 없었다. 그러나 '세대' 간 격차는 매우 크게 나타났다. 20대는 82분, 30대는 55분, 40대는 37분, 50대는 25분, 60대 이상은 10분으로 연령이 높아질수록 온라인 소통시간은 급격히 감소했다. 하위집단 간 비교에서는 40대와 50대를 제외한 모든 집단 간에서 통계적으로 온라인 소통시간에서 의미 있는 차이가 있었다. 또한 '교육수준'별 차이도 크게 나타났다. 중등 이하 집단이 9분, 고등학교 집단이 31분인 데 비해, 대재 이상 집단은 56분이었다. 소득수준에서도 비슷한 패턴이 나타났다. 소득상위집단이 51분을 온라인 매체를 통한 사회적 소통시간에 할애하는 데 비해 중위집단은 41분, 하위집단은 27분을 사용하여 집단 간에 유의미한 차이가 있었다.

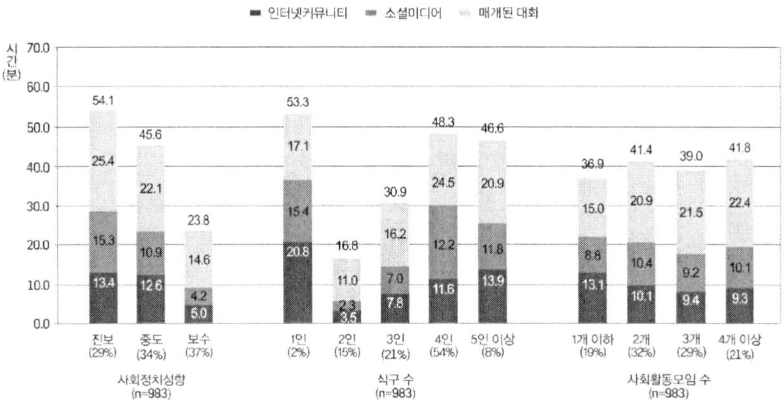

〈그림 3-10〉 사회집단별 사회적 이슈에 관한 온라인 소통시간 II

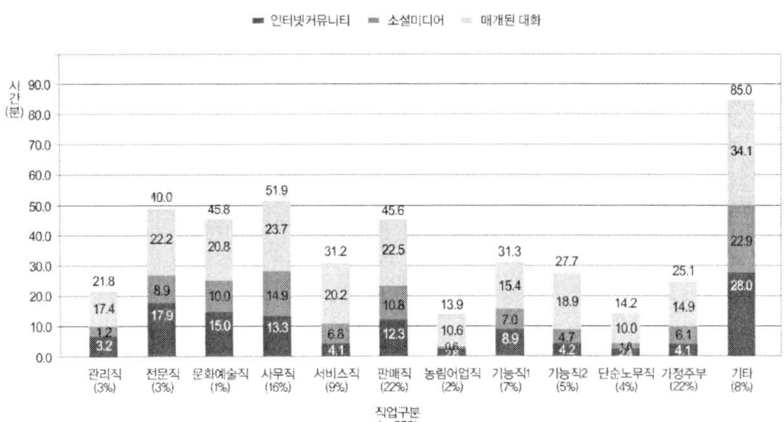

〈그림 3-11〉 직업별 사회적 이슈에 관한 온라인 소통시간

'정치·사회적 성향'에 따른 온라인 소통시간은 진보성향집단은 54분, 중도성향집단 46분, 보수성향집단 24분으로 집단 간 유의미한 차이가 있었다. 진보성향집단과 중도성향 집단 간에는 유의미한 차이가 없었지만, 보수성향집단이 특히 적은 것으로 나타났다. '가구원 수'에 따라서도 온라인 소통시간의 차이가 나타났는데, 1인 가구와 4인 이상 가구에서는 온라인 소통시간이 많은 데 비해, 2, 3인 가구에서는 적은 U자 곡선을 이룬다는 것이다. 1인 가구가 53분으로 가장 많았고, 2인은 17분, 3인은 31분, 4인은 48분, 5인 이상은 47분으로 나타났다. 참여하는 사회활동모임 수는 온라인 소통시간에 의미 있는 차이를 보이지 않았다.

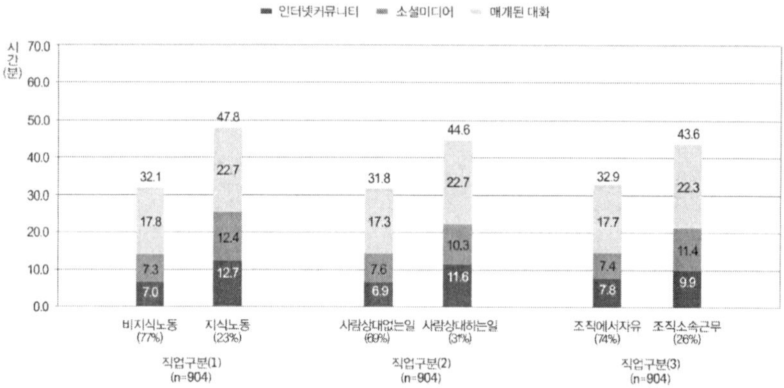

〈그림 3-12〉 **직업유형별 사회적 이슈에 관한 온라인 소통시간**

'직업'에 따라서도 온라인 소통시간이 달랐다. 학생·무직이 포함된 기타가 85분으로 가장 많았고, 사무직(52분), 전문직(49분), 판매직(46분) 순이었다. 이에 비해 농림어업직(14분)과 단순노무직(14분), 관리직(22분)은 온라인 소통매체 이용시간이 적었다. 이밖에도 지식노동/비지식노동, 대인접촉/비대인접촉, 조직소속/비조직소속 간에서도 온라인 소통시간에서 차이가 나타났다. 이는 직업유형별로 세대별 구성비율이나 학력수준이 다르기 때문에 나타난 결과로 보인다.

2) 인구사회학적 변인이 온라인 소통시간에 미치는 영향

다른 변인들의 영향을 통제한 상태에서 인구사회학적 변인이 온라인 소통시간에 미치는 영향을 확인하기 위해 실시한 다중회귀분석결과에서는 연령만이 유의미한 영향을 미치는 것으로 나타났다. 나이가 적을수록 온라인 소통매체를 통해 사회적 이슈에 관해 소통하는 시간이 많았다. 집단 간 비교에서 차이를 가져왔던 다른 변인들은 연령을 통제한 회귀분석에서는 유의미한 영향력을 갖지 않는 것으로 나타났다. 이는 이들 변인에 관한 집단 간 비교에서 나타난 차이가 실제로는 그 집단구성원의 세대구성 비율의 차이에 의한 것임을 말해준다.

연령

젊은 세대일수록 온라인 소통매체를 통하여 사회적 이슈에 대해 소통하는 시간이 많은 것으로 나타났다. 이는 면대면 대화시간과는 다른 패턴이다. 세대집단별 소통시간 데이터만으로도, 특히 청년과 노년 세대 간에는, 주로 정보를 듣고 의견을 교환하는 공간이 다름을 알 수 있다. 이는 젊은 세대와 노년 세대 간의 소통채널의 상이함으로 인한 소통 단절을 우려하게 하는 결과이다. 주로 사회적 이슈에 대해 소통하는 채널이 다르다는 것은 의제의 차이, 정보나 의견의 원천의 차이를 낳을 수 있고, 보다 근본적으로는 소통양식의 차이를 가져올 수 있기 때문에 세대 간의 대화를 보다 어렵게 할 수 있다. 따라서 앞으로는 소통채널의 차이로 인해 세대 간 소통의 빈도나 시간이 줄어드는지, 세대 간 소통에서 불만족을 많이 경험하게 되는지에 대한 보다 정밀한 연구가 필요할 것이다.

<표 3-3> 인구사회학적 요인이 온라인 소통시간에 미치는 영향 (N=978)

독립변인	비표준화 계수		표준화 계수	t	유의확률
	B	표준오차	β		
(상수)	116.84	15.98		7.31	0.00
성별(1=여성)	1.29	3.08	0.01	0.42	0.67
연령	-1.71	0.15	-0.45	-11.34	0.00
학력(재학기간)	0.12	0.74	0.01	0.16	0.88
소득수준(100 만원)	0.18	1.11	0.01	0.17	0.87
가구원 수	-0.50	1.78	-0.01	-0.28	0.78
사회활동모임 수	2.73	1.39	0.06	1.96	0.05
정치성향(보수성)	-2.42	1.28	-0.06	-1.89	0.06
업무유형(대인접촉)	6.20	3.55	0.05	1.74	0.08
업무유형(조직소속)	-1.52	5.56	-0.01	-0.27	0.78
업무유형(지식노동)	3.34	5.50	0.03	0.61	0.54
R^2=.23, F=29.52***					

*** p〈.001

소득

앞에서 살펴본 것처럼 온라인 소통시간에서 소득집단별 차이는 있었지만, 회귀분석결과 소득의 영향력은 유의미한 수준에 미치지 못하였다. 즉, 소득집단별 차이는 연령의 영향 때문에 나타난 것으로 보인다는 점이다. 이러한 결과는 적어도 사회적 이슈에 관한 소통시간의 양적 측면에서는 온라인 매체의 도입이 기존의 빈부 격차의 영향을 심화시키지 않음을 보여준다. 이는 면대면 대화와는 다른 양상이다.

온라인 매체가 사회적 소통시간의 측면에서 소득 격차에 의해 영향을 받지 않는다는 것은 2030세대만 한정하여 살펴보면 구체적으로 알 수 있다. 2030세대는 온라인 소통매체를 가장 많이 이용하는 집단이다. 20대와 30대의 온라인 매체 이용시간은 소득 수준별로 상위집단 73분, 중위집단 63분, 하위집단 70분으로 나타나 집단 간 유의미한 차이가 없었다. 상위집단이 다소 많지만, 하위집단과 큰 차이가 없는 수준이었다. 오히려 중위집단이 다소 낮은 수준이었다. 다만 하위집단은 인터넷 커뮤니티를 많이 이용하는 반면, 상위집단은 소셜 미디어와 매개된 대화를 많이 이용하는 특징이 나타났다. 즉, 온라인 소통매체에서도 상호작용성이 높은 소통에 관해서는 소득의 영향이 있었다.

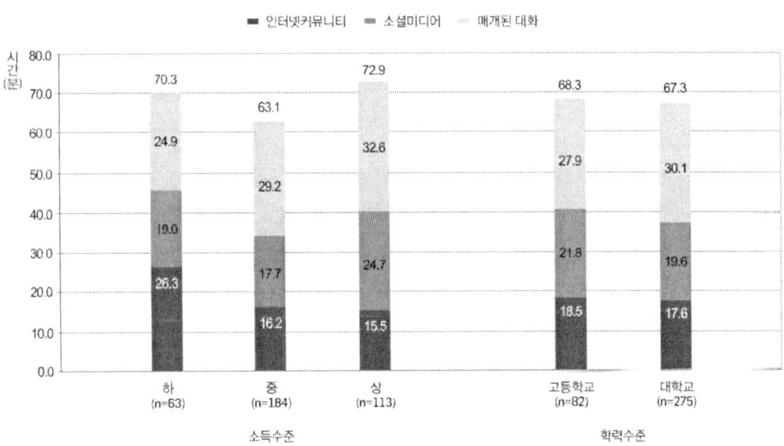

〈그림 3-13〉 20대와 30대의 사회적 이슈에 관한 온라인 소통시간

학력수준에서도 20대와 30대는 온라인 소통시간에서 차이가 없었다. 고등학교 이하 학력집단이 68분, 대학학력집단이 67분 사용하여 거의

비슷한 수준이었다.[2)] 이같은 결과는 온라인 매체의 이용이 일반화되면, 학력과 소득에 의한 사회적 소통 참여의 격차가 줄어들 것이라는 기대를 뒷받침해 준다.

5. 뉴스매체 소통시간

1) 집단별 뉴스매체 소통시간의 차이

뉴스매체를 통한 사회적 이슈 소통시간(이하 뉴스매체 소통시간)은 주로 매스미디어를 통한 사회적 이슈에 대한 뉴스 수용시간을 말한다.

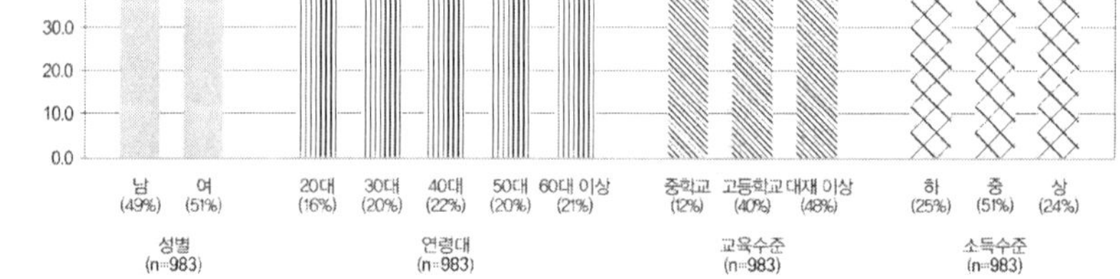

〈그림 3-14〉 **사회집단별 사회적 이슈에 관한 뉴스매체 소통시간Ⅰ**

사회집단별 뉴스매체 소통시간의 패턴은 대체로 온라인 소통시간과 반대의 패턴을 이루고 있었다. 특히 세대, 학력, 소득, 정치·사회성향,

---

2) 2030 세대의 경우, 중등 이하 학력자가 없어 고등학교, 대재 이상 두 학력집단 간 비교만 시행하였다.

가구원 수, 직업유형에서 그러한 패턴이 나타났다. 이중 통계적으로 유의미한 차이는 세대, 학력, 가구원 수, 직업별에 따라 집단 간 차이가 있는 것으로 나타난다. 이밖에 뉴스매체 소통시간은 성별과 사회활동모임 수에 있어서도 집단별 유의미한 차이를 보였다.

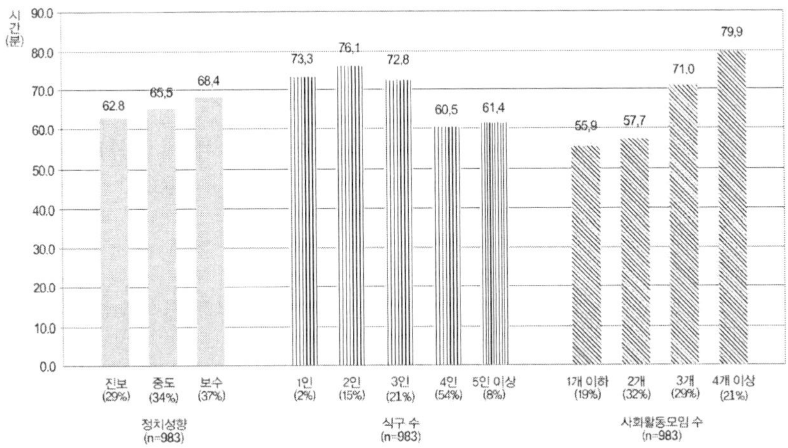

〈그림 3-15〉 사회집단별 사회적 이슈에 관한 뉴스매체 소통시간 Ⅱ

'성별'에서는 남성이 1시간 11분을 사용해 여성(1시간 1분)보다 약 10분 더 사용한 것으로 나타났고, '연령'이 높은 집단일수록 뉴스매체 소통시간이 증가하는 패턴을 보였다. 20대가 45분으로 가장 낮았고, 30대 1시간, 40대 1시간 6분, 50대 1시간 8분, 60대 이상은 1시간 25분으로, 나이가 많을수록 증가하는 패턴이 나타났다. 특히 다른 세대집단과 의미 있는 차이를 보이는 집단은 60대 이상과 20대였다.

'학력'집단에서는 중등 이하 집단이 1시간 20분, 고등학교 1시간 7분, 대재 이상 1시간 2분으로, 학력이 높은 집단일수록 뉴스매체 이용시간이 줄어드는 패턴이 나타났다. 하위집단별 비교에서는 중등 이하와 다른 두 학력집단 간의 소통시간에서 유의미한 차이가 있었다. 소득수준에서도 온라인 매체 소통시간과 달리 소득하위집단이 가장 많은 시간을 사용하는 것으로 나타났으나(1시간 11분), 통계적으로 유의미한 수준은 아니었다. 소득중위집단과 상위집단의 소통시간은 1시간 4분이었다.

가구원 수의 경우 2인 가구, 3인 가구집단과 4인 가구, 5인 이상가구 집단의 패턴이 온라인 소통시간과 다르게 나타났다. 온라인 소통시간은 2인 가구, 3인 가구가 적고, 4인 가구, 5인 가구가 많은 데 비해 뉴스매체 소통시간은 2인 가구, 3인 가구가 많고, 4인 가구, 5인 가구 이상이 적었다. 1인 가구는 양쪽 다 많은 편이었다. 정치·사회적 성향의 경우에도 통계적으로는 유의미한 차이는 아니었지만, 온라인 소통시간과 반대의 패턴을 보였다. 진보성향집단(1시간 3분)보다는 보수성향집단(1시간 8분)이 좀 더 많은 시간을 뉴스매체를 통한 사회적 이슈 소통에 사용하였다. 중도성향집단은 1시간 6분이었다. 사회자본집단의 경우, 대체로 모임 수가 증가할수록 뉴스매체 소통시간도 증가하는 패턴을 보였다. 3개나 4개 이상 참여집단과 이보다 적게 참여하는 집단 간에 유의미한 차이가 있었다.

직업별 뉴스매체 소통시간 역시 온라인 소통시간과 대체로 반대의 패턴을 보였다. 온라인 소통시간이 적은 직종이었던 관리직(100분), 공장기능직(85분), 단순노무직(81분)이 뉴스매체 소통시간은 많았고, 소통시간이 많은 직종이었던 기타(45분), 사무직(58분), 전문직(61분)이 적었다. 농림어업직(59분)과 가정주부(62분)는 양쪽 모두에서 소통시간이 적은 편이었다. 직업유형의 대분류기준인 지식노동 여부, 대인접촉 유무, 조직소속 유무에 따른 차이는 유의미한 수준이 아니었다.

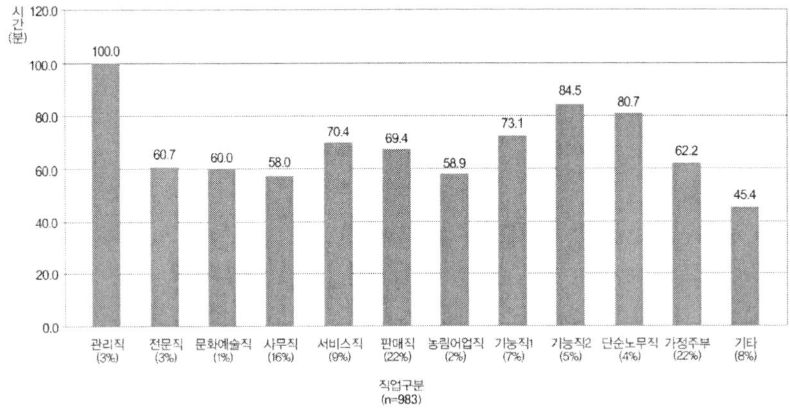

〈그림 3-16〉 **직업별 사회적 이슈에 관한 뉴스매체 소통시간**

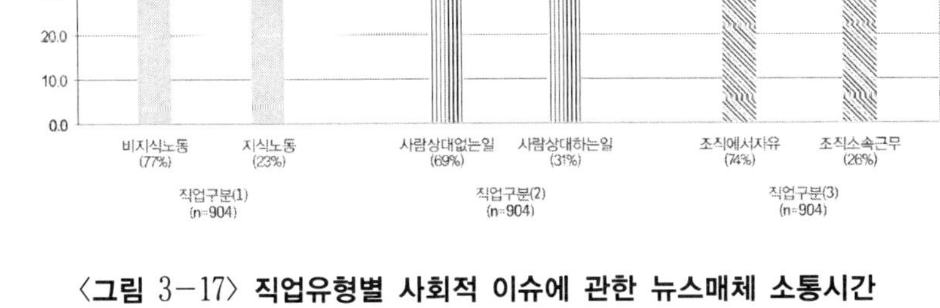

〈그림 3-17〉 **직업유형별 사회적 이슈에 관한 뉴스매체 소통시간**

2) 인구사회학적 요인이 뉴스매체 소통시간에 미치는 영향

다중회귀분석결과에서는 연령, 성별, 사회활동모임 수가 유의미한 영향을 미치는 것으로 나타났다. 특히 연령이 가장 큰 영향을 미치는 변인으로 나타났다. 연령의 영향이 큰 이유는, 노년 세대일수록 신문 구독을 많이 하는 경향이 있으며, 종합편성채널의 도입으로 보수적 성향의 뉴스방송을 많이 접하기 때문으로 보인다. 앞서 뉴스매체 소통시간의 집단별 차이가 온라인 소통시간과 반대의 패턴을 보인 것은 각 집단별 세대 구성비가 다르기 때문에 나타난 결과로 해석할 수 있다.

<표 3-4> 인구사회학적 요인이 뉴스매체 소통시간에 미치는 영향 (N=978)

독립변인	비표준화 계수		표준화 계수	t	유의확률
	B	표준오차	β		
(상수)	15.56	17.10		0.91	0.36
성별(1=여성)	-9.36	3.30	-0.09	-2.84	0.00
연령	1.01	0.16	0.27	6.22	0.00
학력(재학기간)	1.07	0.79	0.06	1.35	0.18
소득수준(100 만원)	-1.12	1.18	-0.03	-0.95	0.34
가구원 수	-1.94	1.90	-0.04	-1.02	0.31
사회활동모임 수	6.28	1.49	0.14	4.21	0.00
정치성향(보수성)	-2.44	1.37	-0.06	-1.78	0.07
업무유형(대인접촉)	6.12	3.80	0.05	1.61	0.11
업무유형(조직소속)	5.84	5.95	0.05	0.98	0.33
업무유형(지식노동)	-6.68	5.88	-0.05	-1.14	0.26
R^2=.10, F=10.84***					

*** $p<.001$

6. 상호작용적 소통시간

상호작용적 소통시간은 면대면 대화시간과 상호작용적으로 온라인 소통을 이용한 시간을 합한 것이다. 이 소통시간은 시민들이 다른 시민들과 사회적 이슈에 대해 의견과 정보를 서로 교환한 시간을 나타낸다. 즉, 전체 사회적 소통시간에서 뉴스매체 이용시간과 같이 일방적으로 다른 정보원의 의견과 정보를 수용한 시간을 제외한 것이다.

조사결과 우리나라 국민들은 하루 평균 75분을 사회적 이슈에 관한 정보나 의견 교환을 위해 사용하는 것으로 나타났다. 이중 면대면 대화를 통한 소통시간이 49분으로 전체의 65%를 차지하였다. 온라인 소통을 이용한 상호작용적 소통시간은 26분이었다. 면대면 대화를 통한 소통시간이 더 많은 것은, 아직까지 상호작용적 소통을 위해 온라인 매체를 이용하지 않는 사람들이 많기 때문이다. 본 연구에서는 유효 응답자의 48.3%가 이러한 비이용자로 조사되었다. 이들을 제외하고 이용 경험이 있는 응답자(n=504)를 대상으로 하면, 온라인 상호작용적 소통시간은 51분, 면대면 대화시간은 52분으로 거의 차이가 없었다.

1) 집단별 상호작용적 소통시간의 차이

사회집단별 상호작용적 소통시간의 차이는 온라인 소통시간과 대체로 유사한 패턴을 나타냈다. 온라인 소통시간은 상호작용적 소통시간에서 차지하는 비율이 낮지만, 면대면 대화시간에 비해 사회집단별 편차가 커서 이러한 결과가 나타난 것이다.

▣ 온라인 상호작용적 소통시간의 계산

연구팀은 모든 온라인 소통시간을 상호작용적 소통시간으로 합산하지 않았다. 인터넷 커뮤니티, 소셜 미디어, 매개된 대화의 이용자의 경우, 자신의 의견이나 정보를 표현하지 않고, 일방적으로 읽고 보기만 하는 형태로 해당 서비스를 이용할 수도 있기 때문이다. 따라서 연구팀은 온라인 소통유형별로 응답자가 자신의 의견이나 정보를 표현한 적이 있는 경우에 한해서만, 그 이용시간을 상호작용적 소통시간에 포함시키는 방식을 채택하였다.

사회적 이슈에 관해 온라인 글쓰기를 하지 않은 사람의 비율은 48.3%(475명)에 이르렀고, 이들의 온라인 소통시간은 온라인 상호작용적 소통시간에 포함되지 않았다. 이에 따라 전체 온라인 상호작용적 소통시간의 평균은 26.4분으로 전체 온라인 소통시간(39.9분)에 비해 13.5분 낮아졌다.

<표 3-5> 온라인 소통시간과 온라인 상호작용적 소통시간 비교

구분	온라인 소통시간			온라인 글쓰기시간			온라인 상호작용적 소통시간	
	평균(분)	표준편차	비이용자 비율(%)	평균(분)	표준편차	비이용자 비율(%)	평균(분)	표준편차
인터넷 커뮤니티	10.0	22.2	73.1	1.5	5.4	87.7	5.3	18.4
소셜 미디어	9.7	19.9	70.0	1.6	4.5	84.6	5.8	17.4
매개된 대화	20.3	24.6	35.7	7.0	13.8	52.3	15.2	23.1
합계	39.9	51.5	28.6	10.5	18.8	48.3	26.4	44.8

성별을 제외한 모든 사회집단 유형에서 상호작용적 소통시간의 차이가 있었다. **세대, 학력, 소득, 정치·사회적 성향, 가구원 수, 사회자본**에 따라 상호작용적 소통시간의 집단별 차이가 있었고, **직업유형**에 따른 소통시간의 차이도 유의미하였다. 사회자본에 따른 집단별 차이가 유의미했다는 점만이 온라인 소통시간의 결과와 다른 점이다. 사회자본집단에서 상호작용적 소통시간의 차이는 면대면 대화시간의 영향이 반영된 것이다.

세대별로는 20대가 하루 101분을 사회적 이슈에 관한 대화와 토론에 사용하여 가장 많았고, 30대 84분, 40대와 50대가 67분, 60대가 63분이었다. 이중 20대와 30대가 각각 40대 이상 집단들(40대, 50대, 60대 이상)과 유의미한 차이를 보였다. 교육수준별 차이는 대학 재학 이상 집단과 나머지 집단 간 차이가 유의미했다. 대학 재학 이상 집단이 85분 동안 사회적 이슈에 관해 대화한 것에 비해, 고등학교 집단은 69분, 중등 이하 집단은 57분만 대화하였다. 소득수준에서는 모든 하위집단 간 차이가 유의미한 수준이었다. 소득상위집단은 87분, 중위집단은 76분, 하위집단은 62분을 각각 대화에 사용하였다.

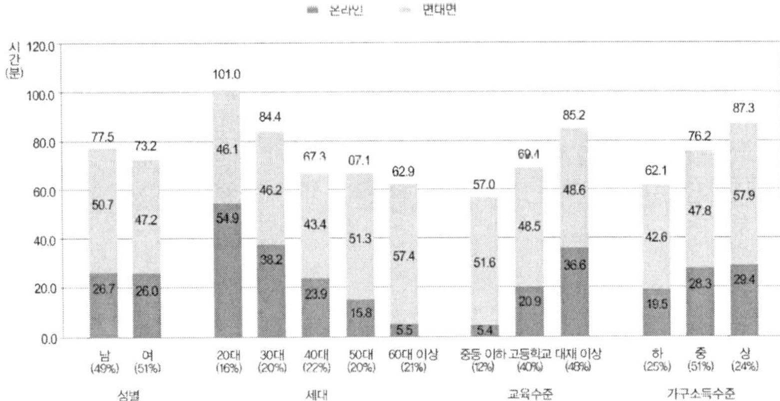

〈그림 3-18〉 **사회집단별 상호작용적 사회적 소통시간 I(일일 평균)**

사회정치적 성향에 따른 상호작용적 소통시간은 진보성향집단은 84분, 중도성향집단은 77분, 보수성향집단은 66분이었다. 진보성향과 중도성향에 비해 보수성향집단이 유의미한 수준으로 적었다. 사회자본의 경우, 대체로 참여하고 있는 사회활동모임이 많아질수록 상호작용적 소통시간도 늘어나는 패턴이 나타났다. 4개 이상 집단이 87분, 3개 집단이 82분, 2개 집단이 74분, 1개 이하 집단이 56분으로 나타났다.

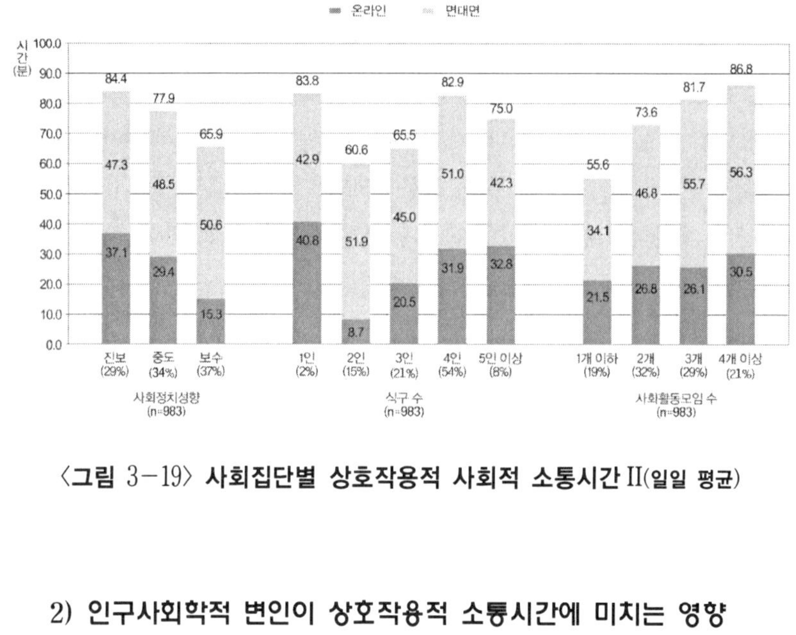

〈그림 3-19〉 **사회집단별 상호작용적 사회적 소통시간 II(일일 평균)**

2) 인구사회학적 변인이 상호작용적 소통시간에 미치는 영향

인구사회학적 변인이 상호작용적 사회적 소통시간에 미치는 영향을 확인하기 위해 실시한 다중회귀분석결과에서는 **연령, 사회활동모임 수, 직업그룹(대인접촉 유무)**만이 유의미한 영향을 미치는 것으로 나타났다. 나이가 어릴수록, 사회활동모임 수가 많을수록, 업무상 사람들을 만나는 직업을 갖는 사람이 그렇지 않는 사람보다 상호작용적 소통시간이 많았다.

온라인 소통시간에 대한 회귀분석결과와 비교하면 연령의 영향이 감소되었다. 면대면 소통시간과 비교하면 소득수준의 영향이 유의미한 수준 이하로 감소하고, 연령의 영향이 반대방향으로 되었음을 알 수 있다.

<표 3-6> 인구사회학적 요인이 상호작용적 소통시간에 미치는 영향(N=978)

독립변인	비표준화 계수		표준화 계수	t	유의확률
	B	표준오차	β		
(상수)	99.71	23.54		4.23	0.00
성별(1=여성)	-0.17	4.54	0.00	-0.04	0.97
연령	-0.94	0.22	-0.18	-4.23	0.00
학력(재학기간)	-0.53	1.09	-0.02	-0.48	0.63
소득수준(100 만원)	1.51	1.63	0.03	0.93	0.35
가구원 수	-0.24	2.62	0.00	-0.09	0.93
사회활동모임 수	9.11	2.05	0.15	4.44	0.00
정치성향(보수성)	-2.23	1.88	-0.04	-1.18	0.24
업무유형(대인접촉)	14.11	5.24	0.09	2.69	0.01
업무유형(조직소속)	8.27	8.20	0.05	1.01	0.31
업무유형(지식노동)	-0.73	8.10	0.00	-0.09	0.93
R^2=.07, F=7.60***					

*** $p<.001$

3) 논의: 온라인 소통의 도입에 따른 상호작용적 소통시간의 변화

상호작용적 소통시간은 의견과 정보를 교환하는 데 사용한 시간을 말한다. 인터넷 보급 이전에는 대부분 면대면 대화를 통해 소통이 이루어졌다. 이제 면대면 대화뿐 아니라, 카카오톡이나 트위터, 페이스북, 블로그 및 인터넷 커뮤니티와 같은 온라인 서비스를 이용하여 다른 사람들과 대화나 토론하는 방법이 가능해졌다. 이러한 새로운 소통수단의 도입이 사회적 소통의 양적 측면에 가져온 변화는 무엇일까? 연구팀은 특히 상호작용적 소통시간의 증가 여부에 주목하였다. 본 연구는 통시적 데이터를 바탕으로 한 것이 아니므로 이에 대한 확정적인 대답을 제시할 수는 없다. 다만 세대 간 소통시간의 비교와 추론을 통해 잠정적인 가설을 제안하고자 한다.

본 조사의 데이터를 통해 볼 때 면대면 소통시간은 크게 감소하지 않은 채 상호작용적 온라인 소통시간이 크게 늘어나면서 전체 상호작용적 소통시간이 이전 시대에 비해 크게 증가한 것으로 보인다.

한편으로, 과거의 면대면 대화가 온라인 소통으로 대체될 수도 있을 것이다. 만약 사회적 이슈에 대해 소통하고 싶은 사람이 온라인을 통해 일정시간 동안 소통하였다면, 그 만큼 면대면 대화를 통한 소통시간은 감소할 수 있다. 소통욕구가 충족되었고, 사회적 소통에 할애할 여유시간도 한계가 있을 것이기 때문이다. 60대 이상과 20, 30대 간에 면대면 대화시간이 차이가 있었다는 결과는 이를 뒷받침하는 것으로 접근할 수 있다. 젊은 세대가 온라인 소통을 많이 하면서 면대면 대화가 줄어들어 이러한 차이가 나타났다고 볼 수 있기 때문이다. 그러나 60대 이상이 여유 시간 증가 등으로 타 세대에 비해 면대면 대화시간이 많은 것으로 해석할 수도 있다. 회귀분석결과에서는 연령이 면대면 대화시간에 유의미한 영향을 미치지 못하는 것으로 나타났다.

이에 비해 상호작용적 온라인 소통시간이 추가적으로 크게 증가했다는 가설에 부합하는 결과들을 볼 수 있다. 대표적인 것이 세대별 상호작용적 소통시간에서 60대 이상의 소통시간이 지나치게 작다는 결과이다. 20대의 상호작용적 소통시간은 각각 101분인데 비해, 60대 이상의 소통시간은

63분에 불과하다. 투표율이나 뉴스매체 이용시간을 보면, 60대 이상의 정치적 관심은 높은 수준이라고 볼 수 있다. 60대 이상은 뉴스매체 이용(85분)이나 면대면 대화(57분)에서는 모든 세대를 통틀어 가장 많은 소통시간을 할애하고 있다. 이를 고려할 때 60대 이상이 다른 시민들과 상호작용적으로 소통하는 것을 회피할 이유는 거의 없다고 볼 수 있다. 단지, 온라인 소통매체를 활용하지 못한다는 기술적 요인만이 60대 이상의 특별히 적은 상호작용적 소통시간을 설명해 준다.

마찬가지로 20, 30대의 높은 상호작용적 소통시간은 이들 세대가 특별히 사회적 이슈에 타인과 소통하는 것을 좋아하기 때문이 아니라, 온라인 소통 서비스를 보다 적극적으로 이용하기 때문에 나타난 것으로 보인다. 이들 세대의 면대면 대화시간은, 비록 유의미한 수준은 아니었지만, 오히려 50, 60대에 비해 적었다.

온라인 매체는 시공간의 제약을 넘는 소통을 가능케 하고 낯선 사람과의 소통의 기회를 제공하므로, 소통욕구가 있을 때 보다 쉽게 그것을 충족시킬 수 있다. 면대면 대화의 경우 내가 통제할 수 없는 소통맥락(예를 들면, 직장인들의 점심시간, 대학동창들의 오랜만의 만남)이 갖추어져야 비로소 말하고 싶은 바를 이야기할 수 있게 된다. 젊은 세대들은 보다 효율적이고 탈맥락적인 소통채널을 갖게 됨으로써 시민들 간의 상호작용적 소통시간을 크게 늘릴 수 있었던 것으로 보인다. 새로운 세대일수록 온라인 소통매체를 능숙히 다룬다는 점에서, 앞으로 상호작용적 소통시간은 계속 증가할 것으로 예측할 수 있다.

상호작용적 소통시간의 증가는 뉴스매체 소통시간의 감소와 연계되어 있는 것으로 보인다. 젊은 세대일수록 상호작용적 소통시간은 증가하고, 뉴스매체 이용시간은 감소하는 패턴이 나타난다(<그림 3-20>).

본 연구에서는 포털 사이트나 인터넷 신문을 통한 뉴스의 수용도 뉴스매체 소통시간에 포함시켰다. 따라서 젊은 세대의 뉴스매체 소통시간이 적은 것은, 이들이 뉴스 수용의 인터페이스를 신문과 방송에서 인터넷으로 바꾸었음을 의미하는 것은 아니다. 그것은 사회적 이슈에 관한 정보와 의견을 얻는 채널로 뉴스매체(언론사)을 이용하는 시간이 보다 작아졌음을 의미한다. 대신, 상호작용적 소통시간 즉, 다른 동료 시민들로부터 정보나 의견을 듣는 시간은 많아졌다.

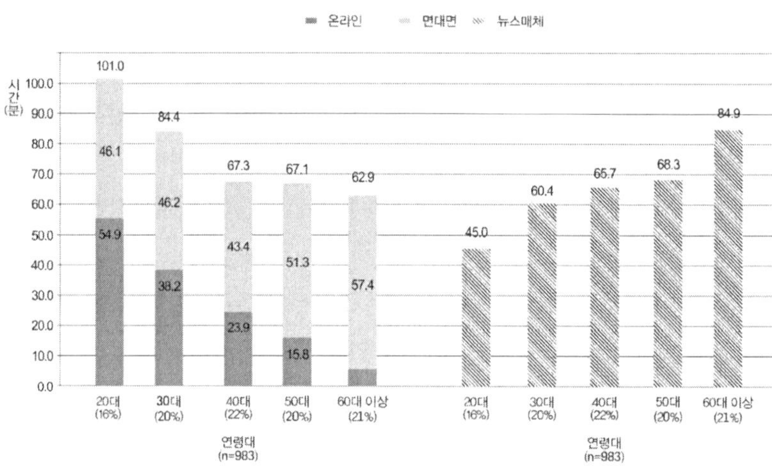

〈그림 3-20〉 세대별 상호작용적 소통시간과 뉴스매체 소통시간의 비교

온라인 소통이 뉴스매체 이용을 대체할 수 있는 것은 전자가 후자의 기능을 수행하는 측면이 있기 때문이다. 오늘날 인터넷 커뮤니티, SNS, 페이스북, 카카오톡 등 새로운 온라인 서비스 이용 양상을 관찰하면, 사회적 이슈에 관한 뉴스가 빠르게 전파되는 것을 볼 수 있다. 사회적 이슈에 관심이 있는 능숙한 사용자라면 온라인 소통만을 이용하여 하루의 주요 이슈를 놓치지 않고 체크할 수 있다. 대형 인터넷 커뮤니티나 SNS에서 이루어지는 뉴스 전파의 경우, 가브리엘 타르드(Tarde, 1902/ 2013)나

베네딕트 앤더슨(1991/2002)이 신문과 같은 대중매체를 통해서 구현되리라 보았던, 타 지역에 있는 사람들과의 연계의식을 고양시키는 기능도 이루어지는 것으로 보인다. 오히려 조회 수 등의 가시적인 단서로 인하여, 전국에 있는 수많은 사람들과 함께 뉴스를 접한다는 인식을 구체적으로 갖게 된다. 요컨대 온라인 소통을 통하여 대중매체를 통한 소통의 고유한 특징으로 논의되었던 뉴스나 화제(topic)의 전파나 원거리 연계의식의 공유가, 시민들 간의 상호작용적 소통에 의해 가능해진 것이다.

물론 온라인 소통의 이러한 기능은 기존의 뉴스매체에 크게 의존한다. 전달되는 뉴스의 대부분은 기존 뉴스매체의 기사를 인용하거나 하이퍼링크로 연결된 것이다. 뉴스매체에 의한 화제 생산의 리듬에 따라 온라인 소통의 화제가 변화되는 양상이 나타난다. 그러나 뉴스의 선별 과정에 시민들의 집합적 선택이 개입되고, 대부분의 뉴스가 개인적 의견과 해석이 덧붙여져 소개되며, 뉴스매체 외의 정보 원천(대표적으로 파워 트리터리안)도 상당한 비율로 인용된다는 점에서 온라인 소통에서의 뉴스 전파와 기존 언론의 그것 사이에는 차이가 존재한다.

젊은 세대는 앞으로 나이가 들어도, 생애주기적 영향으로 인한 다소간의 변화 외에는 현재와 유사한 방식으로 사회적 이슈에 관한 소통활동을 할 가능성이 크다. 현재 40대를 기점으로 상호작용적 소통시간(면대면 대화시간 포함)이 이미 뉴스매체 이용시간보다 많은 상황이다(67분 대 66분). 20대의 경우 온라인 상호작용적 소통시간만으로도 뉴스매체 이용시간을 10분 초과하였다.

요컨대 오늘날 한국의 젊은 세대는 대중매체를 통한 사회적 소통의 일부분을 다른 시민들과의 온라인 상호작용적 소통으로 대체하고 있는데, 후자는 전자와 기능적, 내용적 유사성과 더불어 차별성도 가지고 있다. 온라인 상호작용적 소통의 증가와 뉴스매체 수용의 감소는 사회적 소통의 구조와 흐름에 커다란 변화를 암시한다. 이는 개인적 소통시간에서의 채널간 구성비율의 변화뿐만 아니라, 그동안 대중매체에 부여되었던 의제설정이나 이슈 프레이밍 능력, 그리고 사회적 현실 구성에서의 영향력이 달라질 가능성이 있음을 함축하기 때문이다.

CHAPTER

4장 사회적 소통의 질: 시민들은 어떻게 소통하는가?

4.
사회적 소통의 질: 시민들은 어떻게 소통하는가?

사회적 이슈에 관해 시민들은 '어떻게' 소통을 하고 있는가? 커뮤니케이션 연구자를 비롯한 많은 사회과학자나 인문학자들은 시민들 간의 사회적 소통이 민주주의나 사회통합을 위해 매우 중요하다고 말한다. 그런데 사회적 소통이 아무리 양적으로 많이 이루어져도 그 방식에 문제가 있다면 이러한 사회적 가치를 실현할 수 없을 것이다. 상대의 주장을 듣지 않고 일방적으로 자기주장만 펴는 토론, 거친 욕설이나 모욕적인 언사가 오고가는 대화, 그리고 근거 없는 잘못된 의견의 교환은 오히려 민주적 정치과정에 악영향을 미치며, 사회적 갈등을 심화시킬 수 있다. 따라서 시민들 간의 소통의 '양(quantity)'뿐만 아니라, '질(quality)'을 측정하고 진단하는 작업이 필요하다.

이 장에서는 본 연구팀이 개발한 소통의 질 지표를 소개하고, 이를 적용한 진단결과를 제시한다. 사회집단의 유형별로 소통의 질에 관한 4개 차원에 대한 자가진단 평균점수와, 보통 이하의 점수를 기록한 사람들의 비율을 비교한다. 이를 바탕으로 어떤 사회집단이 어떤 소통의 질적 하위차원에 취약한지를 제시하고, 그 함의를 논의한다.

1. 사회적 소통의 질 진단지표

연구팀은 시민들이 동료들과 어떻게 소통하고 있는지 측정하고 진단하기 위해 소통의 질(quality of societal communication) 진단지표를 개발하였다. 일반적으로 '질'은 크게 두 가지 의미를 가지고 있다. 하나는 '양'과 대비되는 개념으로 어떤 대상이나 과정의 특질이나 성격을 말하며, 다른 하나는 그러한 특질의 일종으로 '뛰어남(excellence)의 정도'를 말한다. 본 연구에서 다루는 '소통의 질'이란 주로 후자의 의미를 갖는다. 즉, 그것은 어떤 소통과정의 뛰어남 또는 좋음의 정도를 말한다.

서론에서 논의한 것처럼 연구팀은 우리 사회의 발전을 위해 필요한 소통은 무엇인지, 역으로 사회통합이나 민주화에 역행하는 문제적인 소통은 무엇인지 규명하는 데 관심을 갖고 있었다. 이에 따라 시민들의 소통행위를 중립적으로 기술하는 척도가 아니라, 바람직한/문제적인 소통양태를 판별할 수 있는 소통행위 척도를 개발하고자 하였다. 이를 위해 한국사회의 소통문제를 다룬 일련의 학문적, 사회비평적 논의들이 채택하거나 전제한 사회적 소통의 진단방식을 비판적으로 검토하였다(이범준·조성겸, 2014). 또한 이러한 사회비평적 연구들과 온라인 공론장의 가능성 및 한계를 탐색하는 연구들이 제시 또는 전제하는, 좋은/나쁜, 바람직한/문제적인 소통행위의 판별 기준을 명료화하였다. 이를 바탕으로 소통의 질에 관한 예비 척도를 개발하고, 이 척도의 타당성을 검토하였다. 그 결과 최종적으로 상호성, 합리성, 반대의견 듣기, 소통예의 등 네 가지 차원으로 이루어진, 15개 문항의 소통의 질 지표를 개발하였다(<표 4-1>).[1] 이 지표들의 각 하위차원과 문항내용은 다음과 같다.

---

1) 소통의 질 지표의 개발 과정과 타당도에 대한 자세한 설명은 이범준과 조성겸의 논문(2015)를 참조할 것.

1) 상호성

소통행위의 상호성은 상대의 말을 경청하고, 상대와 적극적으로 상호작용하려는 태도의 속성을 말한다. 본 연구에서 그것은 상대의 말에 귀를 기울이고, 이해하며, 역지사지하고, 상대의 의견을 수용하고, 대화나 토론 중 상대와 피드백을 주고받는지를 묻는 방식으로 측정되었다. 상호성에 '일방적인' 소통행위인 '듣기'가 포함된 것은 듣기를 통해 비로소 '저쪽'을 소통과정과 내용 속에 포괄하는 것이 가능해지기 때문이다. 우리말의 상호성은 "상대가 되는 이쪽, 저쪽을 모두 포괄함"을 의미한다.

2) 합리성

소통행위의 합리성은 타당한 이유와 근거를 중시하는 자세로 말을 하고 듣는 것을 의미한다. 엄밀한 의미에서 소통과정의 '합리성'을 측정하기는 어렵다.[2] 실증 연구에서는 이유나 근거 제시, 주제 관련성, 논변 구성요소의 존재 유무 등 간접적인 기준으로 소통의 합리성을 측정해 왔다(김유경, 2002; 김현석·이준웅, 2007; 노성종·민영, 2009; 류성진·고흥식, 2007; 박근영·최윤정, 2014; 송현주·신승민·박승관, 2006; 이종혁·최윤정, 2012a; 2012b; 이종혁·장기선·최윤정, 2013; 한혜경, 2005). 본 연구에서 합리성은 주장을 제시할 때 분명한 이유와 근거를 제시하려 하는지, 상대의 핵심 주장과 논거를 주의 깊게 대하는지, 나와 다른 의견의 장단점을 비교하는지 등으로 측정되었다.

3) 반대의견 듣기

반대의견 듣기는 나와 대립되는 의견에 대해 경청하는 것을 말한다.

2) 합리성은 어떤 발언이나 행위가 타당한 이유와 근거에 바탕을 두고 이루어짐을 의미한다(Habermas, 1981/2006). 그런데 수많은 개인의 소통행위나 무수한 말의 '타당성'을 종합적으로 판정하기는 불가능하다.

일반적인 타인에 대해 경청하는 태도를 갖는 것과 반대의견을 가진 사람에게 그러한 태도를 갖는 것은 다소 성격이 다르다는 점에서 소통의 질과 관련된, 독립된 주요 차원으로 다루었다. 적어도 다수의 시민들이 반대의견을 가진 사람들을 특별히 차별하지 않으며 경청하는 수준에 이르기 전까지는 이러한 구별이 필요할 것으로 보인다. 반대의견 듣기는 숙의 민주주의적 시각에서 시민들의 사회적 소통에 접근하는 연구들이 가장 중요시하는 사회적 소통의 요소이기도 하다(김동윤, 2007a; 노성종·민영, 2009; 송현주·신승민·박승관, 2006; 이종혁·최윤정, 2012b; 장윤재·이은주, 2010; 최윤정·이종혁, 2012a; 2012b; 황현서, 2008; Mutz, 2002a; 2002b; Price, Cappella & Nir, 2002). 본 연구에서 반대의견 듣기는 자신의 의견에 반대되는 의견에도 관심을 갖고, 선택해 읽으며, 이해하려 노력하는지에 관한 문항으로 측정되었다.

4) 소통예의

소통예의는 예의를 갖추며 대화나 토론에 참여하는 것을 의미한다. ‘예의 있음’을 측정하는 여러 기준이 있지만, 본 연구에서는 가장 문제시되고 있는 무례한 행동유형인 공격적인 표현 및 비속어 사용 여부로 소통예의를 측정하였다. 이러한 표현의 사용은 소통상대방에게 심리적 고통이나 부정적 감정을 야기하거나(구교태, 2007; Ahmed 2004; Infante & Wigley, 1986), 의견의 극단화를 심화시킨다(이종혁·최윤정, 2012a; 장윤재·이은주, 2010; 황현서, 2008)는 점에서 사회적 소통에 부정적 영향을 미친다. 본 연구에서 소통예의는 욕설이나 저급한 말을 하는지, 다른 사람을 무시하거나 빈정대는 말을 하는지, 대화 예절을 지키기보다 공격적인 표현을 자유롭게 사용하는지를 묻고, 그 대답을 역코딩하는 방식으로 측정되었다.

<표 4-1> **소통의 질 지표의 기술통계치** (*N*=983)

하위차원	문항	평균	표준편차
상호성	나는 상대방의 의견에 귀를 기울이는 편이다.	5.34	0.87
	나는 상대방의 의견을 이해하려 노력한다.	5.22	0.92
	나는 상대방의 입장에서 생각해 보는 편이다.	5.06	0.98
	나는 상대방의 의견을 받아들여 나의 생각을 수정하기도 한다.	4.91	0.99
	나는 내 의견을 제시한 뒤, 상대방의 반응에 주의를 기울인다.	4.78	1.08
	나는 상대방의 말과 글에 관심이 있음을 자주 표현하는 편이다.	4.52	1.09
합리성	나는 주장을 제시할 때 분명한 이유와 근거를 제시하려 노력한다.	4.79	1.10
	나는 상대의 핵심 주장과 논거를 주의 깊게 살펴본다.	4.61	1.05
	나는 내 의견과 다른 의견의 장단점을 비교해 본다.	4.54	1.10
반대의견 듣기	나는 내 의견과 반대되는 의견에는 관심이 없다.*	4.86	1.25
	나는 내 의견과 반대되는 의견도 자주 선택해 읽는다.	4.49	1.14
	나는 내 의견과 반대되는 의견을 이해하려 노력한다.	4.68	1.08
소통예의	나는 때때로 다른 사람에게 욕설이나 저급한 말을 한다.*	5.57	1.29
	나는 때때로 다른 사람을 무시하거나 빈정대는 말을 한다.*	5.52	1.22
	나는 대화 예절에 얽매이기보다 공격적인 표현을 자유롭게 사용한다.*	3.12	1.32

*표시의 문항은 역으로 코딩하여 점수를 계산함.

이상과 같은 소통의 질 지표는 자신의 소통행위가 어떠한지 기술하는 자기보고식(self-reporting) 문항으로 되어 있다. 이는 응답자의 주관성 및 '사회적 바람직함'의 편향이 개입될 수 있다는 점에서 분명한 한계가 있다. 그러나 소통의 질에서 가장 중요한 부분이라 할 수 있는 경청의 양태는 자기보고식 문항 외에는 접근하기 어렵다는 점에서 이러한 한계는 불가피한 점이 있다. 또한 소통의 질에 대한 진단의 출발점을 스스로의

자가진단에서부터 시작하는 것도 의미가 있다고 할 수 있다.

2. 사회집단별 사회적 소통의 질 조사결과

소통의 질 지표를 사용하여 각 사회집단별로 사회적 이슈에 관한 소통의 질을 측정하고 진단하였다. 사회집단은 성별, 세대, 학력, 가구소득 수준, 사회·정치적 성향, 사회자본(사회활동모임 수), 온라인 소통이용 수준을 기준으로 구분되었고, 진단을 통해 각 사회집단이 상호성, 합리성, 반대의견 듣기, 소통예의 중 어떤 차원에서 취약한지 알아보았다. 같은 사회집단 유형에 속하는 타집단에 비해 평균점수가 유의미하게 작거나, 보통(4점) 미만으로 응답한 사람의 비율이 높은 경우, 해당 소통의 질 차원에서 취약성을 드러낸 것으로 다루었다.[3]

1) 상호성

사회적 소통의 상호성에 대한 진단결과, 7점 만점에 평균 4.97점으로 나타나 시민들은 자신의 상호성에 대해 대체로 긍정적으로 평가하는 것으로 나타났다. 자신의 상호성이 보통(4점) 미만이라고 생각한 사람의 비율도 7.2%로 소통의 질 하위 차원 중 가장 낮았다. 이는 일반적인 소통상대방을 대상으로 경청하기와 상호작용적으로 소통하기를 실천하는 것은 시민들에게 어렵지 않았음을 보여준다.

---

3) 평균점수의 경우 변량분석에서 집단 간 차이가 통계적으로 유의적이고($p<.05$ 기준), 던컨의 다중비교 검정방법에서 다른 집단에 비해 유의한 차이를 보이는 하위집합(sub set)이 있는 경우, 가장 낮은 하위집합에 속한 집단으로 판별하였다. 부족한 사람 비율에 대해서도 평균점수와 마찬가지 방식으로 변량분석과 던컨 다중비교검정을 사용하여 부족한 집단을 판별하였다.

이러한 결과는, 자기주장만 말하려 하고 상대의 말을 제대로 듣지 않는 사람이 많다고 하는 사회적 소통과정에 대한 일반적인 인식과는 모순되는 결과이다. 또한 듣기나 경청의 중요성을 강조하며, 그 실천의 어려움을 전제로 하는 논의(예를 들면, 박승관, 2000; 2011)와도 배치된다. 이러한 차이는 '사회적 바람직함'의 편향이 개입되어, 응답자들이 실제의 실천에 비해 좋게 대답했기 때문에 나타난 결과일 수도 있다. 또한 질문 내용이 타인을 '진정으로' 이해하고 공감하는 수준에 이르렀는지 묻는 것이 아니라, 외형적인 듣기와 상호작용적 행위의 실천 여부만 묻는 것이었기 때문에 나온 결과일 수도 있다. 본 조사의 지표로는 '진정한' 경청[4]의 수준을 측정하는 데 한계가 있다.

그러나 다음과 같은 점을 고려하면, 본 조사결과에 일정한 타당성을 부여할 수 있을 것이다. 대부분의 응답자들은 낯선 사람이 아닌, 가족이나 직장동료, 친구 등 잘 아는 사람과 사회적 이슈에 관해 대화하거나 토론하며 이야기를 나눈다. 이러한 소통 상황은 서로의 상황과 입장 등을 잘 알고 있는 '고맥락(high-context)' 상황이다. 또한 소통 참가자들은 비교적 동질적이다. 이러한 조건에서 듣기와 상호작용적 행위를 행하는 것은 특별히 어려운 것이 아닌 것이다. 사회적 소통의 기본적 하부구조는 경청이나 상호자용저 실천이 잘 이루어지는 지인들과의 소통들로 이루어져 있음을 염두에 둘 필요가 있다.

---

4) 연구팀은 사회적 이슈에 관한 소통에서 공감이나 '진정한' 이해를 추구하는 것은 과도한 요구라 판단하였다. 피터스(2000)가 잘 지적하였듯이 이렇게 달성하기 어려운 완전한 소통의 이상을 추구한다면, 소통에 대한 지나친 불만과 위기감만 산출할 것이다. 더군다나 사회적 이슈에 관한 소통은 서로 간의 인간적 교류를 위한 소통과는 다른 성격을 갖는다.

<표 4-2> 사회집단별 상호성 평균점수와 부족한 사람 비율

	집단구분	n	평균	표준편차	부족한 사람 비율(%)
성별	남성	483	4.98	0.72	7.2
	여성	500	4.96	0.66	7.2
세대	20 대	162	4.92	0.70	9.3
	30 대	198	5.03	0.62	5.1
	40 대	218	4.95	0.70	7.8
	50 대	196	5.01	0.73	5.6
	60 대 이상	209	4.93	0.72	8.6
학력	중등 이하	122	5.00	0.71	7.4
	고등학교	391	4.95	0.72	7.7
	대재 이상	465	4.98	0.67	6.9
가구소득수준	소득하위집단	248	4.88*	0.76	11.7*
	소득중위집단	498	4.99	0.66	4.8
	소득상위집단	237	5.03	0.67	7.6
정치적 성향	진보성향	284	5.01	0.61	4.2
	중도성향	333	4.90	0.71	9.6*
	보수성향	366	5.01	0.73	7.4
사회활동 모임	1 개 이하	185	4.83*	0.75	11.4
	2 개	310	4.95	0.67	7.7
	3 개	284	5.04	0.74	4.9
	4 개 이상	204	4.97	0.69	5.9
온라인 이용수준	이용 안 함	281	4.97	0.72	7.5
	저이용	430	4.98	0.68	6.5
	고이용	272	4.95	0.68	8.1
전체		983	4.97	0.69	7.2

* 표시는 사회집단이 사회적 소통지표의 해당 항목에 취약함을 나타냄.

상호성의 경우, 다른 차원에 비해 사회집단별 차이도 적었다. 성별, 세대, 학력, 정치성향, 온라인 이용수준에 따른 집단 간 차이는 통계적으로 유의미한 수준이 아니었고, 소득수준과 사회자본에 따른 집단 간 차이만 존재하는 것으로 나타났다.

가구소득수준에 따른 집단에서는 소득하위집단이 4.88로 가장 낮았고, 중위집단은 4.99, 상위집단은 5.03으로 가장 높았다. 집단 간 비교에서는 소득하위집단과 다른 두 집단 간 차이가 유의미하게 나타났다. 자신의 상호성이 부족하다고 대답한 사람의 비율도 소득하위집단은 11.7%로 가장 많았다. 이에 비해 소득중위집단은 4.8%, 상위집단은 7.6%이었다(전체 평균 7.2%). 경제적 형편이 어려운 집단이 타인의 말을 경청하고 상호작용적으로 소통하는 상호적 소통행위를 잘 못하는 경향이 있다는 결과는, 경제적 각박함이 소통 차원의 어려움으로 이어질 수 있음을 보여준다는 점에서 흥미로운 결과이다. 어느 정도의 경제적 여유가 타인을 배려할 수 있는 여유를 배가시킬 수 있다는 것을 암시한다. 다른 한편, 한국사회의 사회계층적 차이가 갈수록 심화될 것이라는 전망을 고려하면, 이에 따른 소통과정의 상호성 저하도 우려될 수 있다.

사회자본에 따라 구별된 집단에서도 정기적으로 참여하는 사회활동모임 수가 1개 이하인 집단이 상호성 수준이 가장 낮았다(4.83). 1개 이하 집단은 3개(5.04), 4개 이상(4.97) 집단보다 상호성이 유의미하게 작았다. 또한 1개 이하 집단에는 상호성이 부족한 사람의 비율이 11.4%로 상당히 높았다. 이러한 결과는 사회자본과 소통의 상호성 계발 간의 관계를 보여준다는 점에서 주목할 필요가 있다. 사회활동모임 수가 많다는 것은 개인이 사회적 교류를 할 수 있는 사회자본을 많이 가지고 있음을 의미한다. 이러한 사회자본을 많이 가진 사람들은 사회적 교류경험을 통해 타인의 말을 경청하고, 상호적으로 반응하는 소통행위 양식을 보다 잘 계발할 수 있다. 반대로 이러한 사회적 교류를 하지 않는 사람은 상호성의 측면에서 부족한 소통행위를 할 가능성이 높아진다. 앞선 3장의 소통시간 진단결과는 이 같은 해석을 간접적으로 뒷받침해 준다. <표 4-2>는 사회활동모임 수가 많을수록 사회적 이슈에 대한 면대면 소통시간이 증가함을 보여준다. 즉, 사회활동모임이 많은 사람일수록 타인과 면대면으로 대화나 토론, 이야기를 나누는 경험의 양이 많아지는 것이다.[5)]

상호성과 사회집단 간의 관계에서 흥미로운 패턴은 사회정치적 성향과 관련해 나타났다. 비록 통계적으로 유의한 차이는 아니었지만, 진보성향집단(5.01)과 보수성향집단(5.01)이 중도성향집단(4.90)보다 상호성 진단점수가 높았다. 특히, 진보성향집단은 상호성이 부족하다고 응답한 사람의 비율이 4.2%로 나타나 본 연구가 구분한 23개 유형의 하위집단 중 그 비율이 가장 낮았고, 중도성향집단은 9.6%로 높은 수준이었다. 두 집단 간의 차이는 통계적으로도 유의한 수준이었다.

스스로 상호성이 부족하다고 한 응답자들이 많은 집단으로는 소득하위집단(11.7%), 사회활동모임 1개 이하 집단(11.4%), 중도성향집단(9.6%), 20대(9.3%), 60대 이상(8.6%) 등이 있었다. 이중 통계적으로 유의한 수준으로 상호성 결핍자가 많은 집단은 소득하위집단과 사회정치적 중도성향집단이었다.

2) 합리성

소통행위 합리성에 대한 시민들의 자가진단 결과는 7점 만점에 평균 4.65점으로 비교적 양호한 것으로 나타났다. 그러나 네 가지 소통의 질 하위차원 중 가장 평균이 낮았고, 자신이 부족하다고 응답한 사람의 비율도

---

5) 물론, 사교적 성향이 적은 사람이 사회활동모임에 잘 참가하지 않고, 면대면 소통시간도 부족하며, 상호성 측면에서도 취약하여 이 같은 결과가 나왔을 가능성도 있다. 보다 분명한 결론을 내리기 위해서는 사교성향과 상호성, 사회자본 간의 관계에 대한 추가적인 탐구가 필요하다.

가장 높았다(16.8%). 이는 많은 시민들이 사회적 이슈에 관한 소통에서 합리성의 실천을 어려워하고 있음을 보여준다. 집단 간 합리성의 차이는 **학력, 소득수준, 사회활동모임 수**에 따른 차이만 유의미한 것으로 나타났다.

학력집단에서는 대학 재학 이상 집단이 4.75로 가장 높았고, 고등학교 집단이 4.62, 중등 이하 집단이 4.35로 나타났다. 중등 이하 집단이 다른 두 학력집단에 비해 합리성이 통계적으로 유의하게 낮았다. 합리성이 부족한 것으로 응답한 사람의 비율도 30.3%로 가장 높았다. 이유나 근거 제시, 의견의 장단점 비교 등은 고등교육 이상에서만 본격적으로 배운다는 점에서 이러한 결과는 쉽게 이해될 수 있다.

소득수준집단 간에도 합리적 소통행위의 실천이 유의한 수준에서 달랐다. 소득하위집단이 4.46으로 4.68의 소득중위집단이나 4.77의 소득상위집단보다 유의미하게 합리성 수준이 낮았다. 경제적 여유가 없는 사람들에게는 상호성과 마찬가지로 합리성도 실천하기 어려운 소통 규범이었던 것으로 보인다.

사회자본집단 간 합리성의 차이도 유의미한 것으로 나타났다. 사회활동모임 수 3개 집단이 4.82로 가장 높았고, 4개 이상 집단은 4.78, 2개 집단은 4.60, 1개 이하 집단은 4.33으로 가장 낮았다. 하위집단 간 검정에서는 1개 이하 집단이 다른 세 집단 모두에 비해 합리성이 유의미하게 낮았다.

이 같은 결과는 사회자본이 소통의 상호성뿐만 아니라, 합리성 계발에도 긍정적 영향을 미치고 있음을 보여준다. 즉, 사회자본을 많이 가진 사람들이 사회적 교류와 면대면 소통의 경험을 보다 많이 하고, 이를 통해 소통에 있어서 이유와 근거를 중시하고, 서로 다른 의견의 장단점을 비교하는 합리적 소통의 자세를 계발하는 경향이 있는 것이다. 사교적 성향과 합리성은 특별한 연관점을 찾기 어렵다는 점에서, 앞선 상호성에 대한 논의와 달리, 합리성의 경우 개인의 타고난 성향에 의한 영향을 배제할 수 있다.

<표 4-3> 사회집단별 합리성 평균점수와 부족한 사람 비율

	집단구분	n	평균	표준편차	부족한 사람 비율
성별	남성	483	4.69	0.90	15.9
	여성	500	4.61	0.85	17.6
세대	20 대	162	4.65	0.86	16.0
	30 대	198	4.75	0.89	12.1
	40 대	218	4.65	0.89	18.8
	50 대	196	4.68	0.85	14.3
	60 대 이상	209	4.52	0.86	22.0*
학력	중등 이하	122	4.35*	0.93	30.3*
	고등학교	391	4.62	0.84	16.9
	대학 재학 이상	465	4.75	0.87	13.3
가구소득 수준	소득하위집단	248	4.46*	0.94	24.2*
	소득중위집단	498	4.68	0.82	15.3
	소득상위집단	237	4.77	0.86	12.2
정치적 성향	진보성향	284	4.71	0.83	13.4
	중도성향	333	4.63	0.87	16.2
	보수성향	366	4.61	0.91	19.9
사회활동 모임	1 개 이하	185	4.33*	0.92	30.3*
	2 개	310	4.60	0.85	17.4
	3 개	284	4.81	0.81	10.2
	4 개 이상	204	4.78	0.86	12.7
온라인 소통이용 수준	이용 안 함	281	4.57	0.88	19.9
	저이용	430	4.71	0.87	15.8
	고이용	272	4.63	0.85	15.1
전체		983	4.65	0.87	16.8

* 표시는 사회집단이 사회적 소통지표의 해당 항목에 취약함을 나타냄.

합리성이 부족한 사람의 비율이 가장 높은 하위집단은 중등 이하 학력집단과 사회활동모임 1개 이하 집단이며, 이밖에 소득하위집단(24.2%), 60대 이상집단(22.0%), 온라인 비이용집단(19.9%), 보수성향집단(19.9%)이 높은 수준이었다. 반면, 사회활동모임 3개 집단은 합리성이 부족한 사람의 비율이 10.2%로 가장 적었고, 이밖에 30대 12.1%, 소득상위집단 12.2%, 사회활동모임 4개 이상 집단 12.7%, 대학 재학 이상 집단 13.3%로 비교적 낮은 것으로 나타났다.

3) 반대의견 듣기

반대의견 듣기에 대한 시민들의 자가진단 평균점수는 4.68로, 상호성의 4.97보다 상대적으로 낮았다. 이는 일반적 타인을 대상으로 하는 경청보다 다른 의견에 대한 경청이 보다 실천하기 어렵다는 것을 말해준다.

사회집단별 소통의 질 진단에서도 반대의견 듣기는 상호성, 합리성과 다소 다른 패턴의 결과를 보여주었다. 소득집단별 차이는 앞의 두 차원과 같은 양상이었지만, 두 차원과 달리 세대와 정치사회성향 집단 간 차이가 나타났다.

세대집단에서는 30대가 4.81로 가장 높았고, 20대 4.78, 50대 4.68 순이었다. 60대 이상과 40대가 각각 4.60, 4.59로 낮은 편이었다. 이중 30대가 40내 및 60대 이상에 비해 반대의견 듣기 평균점수가 유의미하게 높았다.

60대 이상의 경우 연령대 특유의 보수성과 비개방성을 반영한 것으로 해석될 수 있지만, 40대가 반대의견 듣기의 평균점수가 가장 낮은 것은 특별한 고찰이 필요하다. 이에 관해 40대의 두 가지 세대적 특성을 고려할 필요가 있다. 첫째, 40대는 진보/보수 성향이 교차되는 세대라는 점이다. 한국 사회의 경우 연령대별로 진보/보수의 비율이 확연히 달라진다. 본 연구에서도 20, 30대는 진보가 45.6%, 보수가 13.9%인 데 비해, 50대 이상은 진보 13.8% ,보수 57.8%로 그 비율이 역전된다. 그런데 40대의 경우 진보 29.4%, 보수 37.6%로 세대 내 이념적 동질성이 타 세대에 비해 약하다. 일상의 사회적 이슈에 대한 소통은 대체로 같은 집단 안에서 이루어진다고 볼 때, 이러한 이념적 이질성은 반대의견 소유자와의 만남을 증가시킬 수 있다. 그런데 이러한 반대의견 접촉 증가가 반대의견 듣기의 질을 약화시키는 방식으로 작용할 수 있다. 둘째, 40대는 '불혹(不惑)'의 나이로 정치사회성향이 고착화되기 시작하는 연령대라는 점이다. 본 설문조사 문항에 포함되었던, 정치사회성향 변화가능성에 대한 질문에 40대는 평균 3.50로 60대 이상(3.32) 다음으로 불변적인 태도를 보였다. 이는 20대(3.86) 및 30대(3.82)에 비해 유의미하게 낮은 수준이었다. 이러한 정치사회성향의 고착성은 반대의견에 대한 관심, 노출, 이해의 노력을 소홀히 하고, 이를 회피하는 방식으로 대응하게 하는 요인이 될 수 있다. 40대는 또한 사회적 이슈에 대한 면대면 소통시간이 가장 적은 세대이기도 하다.

정치사회성향 집단에서는 진보가 4.78로 가장 높았고, 보수 4.68, 중도 4.61로 나타났다. 이중 진보와 중도 간 차이만 유의미한 수준이었다. 반대의견 듣기에 있어 중도성향 집단의 평균점수가 낮은 것은 '중도'의 특성상 특별히 반대하는 의견이 적기 때문인 것으로 보인다. 특별히 반대하는 의견이 많지 않으므로, 반대의견에 관심을 보이고, 자주 선택해 읽으며, 이해하려는 노력을 많이 한다고 답하기 어려운 것이다. 이러한 사실은 중도집단이 평균점수는 가장 낮지만, 반대의견 듣기가 부족한 사람 비율은 평균보다 높지 않다는 결과가 뒷받침해 준다. 중도성향 집단에서 반대의견 듣기가 부족한 사람의 비율은 13.2%인데, 이는 평균 14.0%보다 양호한 수치이며, 보수성향집단의 17.2%보다 낮은 수준이다. 즉, 중도성향 집단은 반대의견 듣기 실천을 특별히 잘했다거나 못했다고 대답한 사람의 비율이 낮았다.

<표 4-4> **사회집단별 반대의견 듣기 평균점수와 부족한 사람 비율**

	집단구분	n	평균	표준편차	부족한 사람 비율
성별	남성	483	4.71	0.94	14.7
	여성	500	4.66	0.81	13.4
세대	20 대	162	4.78	0.82	9.9
	30 대	198	4.81	0.82	11.6
	40 대	218	4.59*	0.94	17.0
	50 대	196	4.68	0.89	14.3
	60 대 이상	209	4.60*	0.87	16.3
학력	중등 이하	122	4.56	0.88	17.2
	고등학교	391	4.64	0.88	14.6
	대학 재학 이상	465	4.75	0.87	12.9
가구소득 수준	소득하위집단	248	4.56*	0.84	16.1
	소득중위집단	498	4.69	0.86	13.7
	소득상위집단	237	4.79	0.92	12.7
정치적 성향	진보성향	284	4.78	0.84	10.9
	중도성향	333	4.61*	0.81	13.2
	보수성향	366	4.68	0.95	17.2
사회활동 모임	1 개 이하	185	4.57	0.87	17.3*
	2 개	310	4.74	0.73	9.7
	3 개	284	4.68	0.94	14.8
	4 개 이상	204	4.70	0.97	16.7
온라인 이용수준	이용 안 함	281	4.64	0.91	14.9
	저이용	430	4.72	0.90	14.0
	고이용	272	4.67	0.79	13.2
전체		983	4.68	0.87	14.0

* 표시는 사회집단이 사회적 소통지표의 해당 항목에 취약함을 나타냄.

소득수준집단 간에는 소득상위집단이 4.79로 가장 높았고, 소득중위집단 4.69, 소득하위집단 4.56 순이었다. 이중 소득상위집단과 소득하위집단 간 차이가 유의한 수준이었다. 소득상위집단은 반대의견 듣기에 있어서도 상호성, 합리성과 마찬가지로 소득하위집단에 비해 질 높은 소통행위를 하는 것으로 나타났다.

반대의견 듣기 실천이 부족한 사람의 비율은 사회활동모임 1개 이하 집단이 17.3%로 가장 높았고, 중등 이하 학력집단과 보수성향집단이 각각 17.2%, 40대가 17.0%, 사회활동모임 4개 이상 집단 16.7%로 높은 수준이었다. 이중 사회활동모임 1개 이하 집단의 결과가 통계적으로 유의미하게 높았다. 반면, 사회활동모임 2개 집단(9.7%), 20대(9.9%), 진보성향집단(10.9%), 30대(11.6%), 소득상위집단(12.7%) 등은 반대의견 듣기가 부족한 사람의 비율이 평균(14.0%)보다 낮았다.

4) 소통예의

소통예의에 대한 시민들의 자가진단 평균점수는 5.33으로, 소통의 질 하위차원 중 가장 높았다. 이는 소통예의의 기준이 상호성, 합리성, 반대의견 듣기의 기준보다 상대적으로 준수하기 쉬운 기준이었음을 보여준다. 즉, 사회적 이슈에 관한 대화나 토론 중 상대방에 대해 공격적인 표현이나 비속어를 사용하지 않는 실천은 많은 시민들이 어렵지 않게 잘 행할 수 있었던 것이다. 본 연구의 소통예의 기준은 학술적, 실천적 중요성을 고려하여 '타인에 대한 공격적 표현'에 초점을 두고 마련되었는데, 이러한 공격적 표현의 사용은 소통규범 상 예외적인 것이라는 점에서 시민들의 전반적인 소통예의 점수가 높았다고 할 수 있다. 하지만 소통예의가 부족한 사람의 비율은 10.5%로, 상호성이 부족한 사람의 비율 7.2%보다 높았다.

<표 4-5> **소통의 질 변인들 간 상관관계**

	상호성	합리성	반대의견 듣기	소통예의
상호성	1			
합리성	.49**	1		
반대의견 듣기	.44**	.35**	1	
소통예의	.14**	.03	.13**	1

소통예의는 다른 소통의 질 하위차원과 상당히 다른 패턴의 사회집단별 차이를 보여주었다. 기본적으로 소통예의는 다른 하위차원과 상관관계의 정도가 낮은 편이다. 상호성, 합리성, 반대의견 듣기는 서로 .35~.49 사이의 상관관계를 갖는 데 비해, 소통예의는 상호성과 .14, 반대의견 듣기와 .13의 낮은 상관관계를 보였고, 합리성과는 유의한 관계가 없는 것(r=.03)으로 나타났다.

소통예의는 성별에 따라 집단 간에 유의한 차이를 나타냈다. 여성이 5.45인데 비해, 남성은 5.19에 그쳤다. 이는 언어적 공격성향, 사이버 폭력, 욕설, 소통예의 등에 관한 연구들과 일치하는 결과이다. 즉, 남성은 여성에 비해 언어적 공격성향이 높고, 사이버 폭력이나 욕설 사용에 더 많이 관여하는 경향이 있다(김태경 외, 2012; 백유미, 2013; 소재희, 2011; 이정기·우형진, 2010).

세대 또한 소통예의에 관해 집단 간에 유의한 차이를 가져오는 요인이었다. 50대와 60대 이상이 각각 5.44, 5.43으로 소통예의를 보다 잘 실천하였다. 이밖에는 40대 5.31, 30대 5.28, 20대 5.12 순이었다. 이중 20대와 50대, 60대 이상 간에 유의한 차이가 있었다. 50대와 60대 이상을 제외하면 대체로 나이가 많아질수록 소통예의 진단점수가 좋아졌다. 이는 무례한 표현에 대한 소통규범 의식이 노년 세대는 보다 엄격하고 젊은 세대는 보다 개방적임을 반영한 결과로 볼 수 있다.

<표 4-6> 사회집단별 소통예의 평균점수와 부족한 사람 비율

범주	집단구분	n	평균	표준편차	부족한 사람 비율
성별	남성	483	5.19*	1.06	11.6
	여성	500	5.45	1.05	9.4
세대	20 대	162	5.12*	1.16	14.8*
	30 대	198	5.28	1.06	11.6
	40 대	218	5.31	1.11	12.4
	50 대	196	5.44	0.98	6.6
	60 대 이상	209	5.43	0.99	7.7
학력	중등 이하	122	5.44	1.07	9.0
	고등학교	391	5.35	1.01	9.7
	대학 재학 이상	465	5.28	1.10	11.2
가구소득 수준	소득하위집단	248	5.32	1.11	10.9
	소득중위집단	498	5.31	1.07	9.6
	소득상위집단	237	5.36	1.01	11.8
정치적 성향	진보성향	284	5.33	1.02	9.9
	중도성향	333	5.24	1.16	12.9
	보수성향	366	5.40	0.99	8.7
사회활동 모임	1 개 이하	185	5.25	1.17	15.7
	2 개	310	5.37	1.03	8.7
	3 개	284	5.32	1.06	10.2
	4 개 이상	204	5.35	1.03	8.8
온라인 이용 수준	이용 안 함	281	5.42	1.10	10.7
	저이용	430	5.36	0.99	9.1
	고이용	272	5.17*	1.12	12.5
전체		983	5.33	1.06	10.5

* 표시는 사회집단이 사회적 소통지표의 해당 항목에 취약함을 나타냄.

온라인이용집단 간에도 소통예의에 관해 차이가 있었다. 온라인 비이용집단이 5.42로 가장 소통예의 점수가 높았고, 저이용집단 5.36, 고이용집단 5.17로 나타났다. 온라인 고이용집단이 저이용 및 비이용집단 에 비해 유의미하게 낮았다. 온라인 고이용집단이 공격적 표현을 상대적으로 많이 사용한다는 것은, 악성댓글이나 사이버폭력 등 온라인소통의 공격성 및 무례함에 대한 우려의 시각에 부합하는 결과이다. 그런데 이러한 결과가 익명적인 상황에서 상대방과 소통할 기회가 많은 온라인 매체의 특성 때문에 나타난 것인지, 온라인 고이용집단에 젊은 세대가 많이 포함되어 있어서 나타난 것인지에 대해서는 추가적인 검토가 필요하다.

소통예의가 부족한 사람의 비율은 사회활동모임 수 1개 이하 집단이 15.7%로 가장 높았고, 이밖에 20대(14.8%), 중도성향집단(12.9%), 온라인 고이용집단(12.5%), 40대(12.4%) 순이었다. 이중 20대의 결과가 통계적으로 유의하였다. 사회자본집단 간의 소통예의 평균점수의 비교결과를 생각하면, 사회활동모임 수 1개 이하 집단에서 소통예의 결핍자 비율이 가장 높은 것은 의외의 결과로 볼 수 있다. 이 집단의 소통예의 평균점수는 5.25로 진체 평균에 비해 약간 낮은 수준이었다.

이는 사회적 교류 경험의 부족이 소통예의에 대해 양면적인 영향을 미쳤기 때문에 나타난 결과로 볼 수 있다. 즉, 사회적 교류에 적극적이지 않은 사람들 중에는 대인적 소통규범을 과감히 무시하는 사람이 많을 수 있지만, 반대로 타인과의 소통에 매우 조심스러운 자세로 임하는 사람도 많을 수 있다. 본 조사의 설문문항은 능숙한 대인 커뮤니케이션 능력을 발휘하는 소통예의의 실천이 아니라, 부정적 행동의 자제만으로 측정된다. 이러한 척도의 경우, 타인과의 소통에 소극적인 사람들의 소통예의 점수를 크게 높일 수 있다. 이 두 대립적인 경향으로 사회활동모임 수 1개 이하 집단의 평균값은 크게 낮아지지 않았던 것으로 보인다.

결국 오프라인 사회활동모임 참가 정도로 대변되는 사회자본은 상호성, 합리성, 반대의견 듣기뿐 아니라, 소통예의 차원에서도 긍정적 영향을 미친다고 할 수 있다. 그 예로서 2개 이상 참여할 때, 소통예의가 부족한 사람의 비율은 크게 줄어들었다.

소통예의가 부족한 사람의 비율이 가장 양호하게 나타난 집단은 50대로, 6.6%만이 소통예의에 대해 보통 이하의 실천을 한다고 대답했다. 이밖에 60대(7.7%), 보수성향집단(8.7%), 사회활동모임 2개 집단(8.7%), 4개 이상 집단(8.8%) 순으로 소통예의 결핍자 비율이 낮았다.

5) 사회집단에 대한 소통의 질 진단

지금까지의 분석결과를 바탕으로 사회집단별로 소통의 질 차원에서 취약한 부분을 정리하면 다음과 같다. 취약한 부분은 평균점수와 부족한 사람 비율을 기준으로 하였다.

'성별' 집단에서는 남성이 소통예의 평균점수에서 여성보다 유의미하게 작았다. 상호성, 합리성, 반대의견 듣기에서는 두 집단 간에 유의미한 차이는 없었다. '세대'집단에서 20대는 소통예의에서 평균점수가 낮고, 부족한 사람의 비율이 높았다. 반면, 60대 이상은 반대의견 듣기(평균점수에서)와 합리성(부족한 사람 비율)이 취약한 것으로 나타났다. 40대는 반대의견 듣기에서 취약한 점이 있었다.

'학력'에 따른 집단 구분에서는 중등 이하 학력집단이 합리성에서 평균점수가 낮고, 부족한 사람 비율이 높은 것으로 나타났다. 이 외의 다른 차원에서 집단 간 차이는 유의미한 수준에 이르지 못하였다. 이와 달리, '소득'집단에서는 소득하위집단이 상호성, 합리성, 반대의견 듣기에서 취약한 것으로 나타났다. 소득하위집단은 이 3개 차원에서 평균점수가 낮았고, 특히 상호성, 합리성에서는 부족한 사람 비율이 타 집단에 비해 유의미하게 높았다.

'사회·정치적 성향'에서는 중도성향집단이 반대의견 듣기와 상호성이 취약하였다. 전자에서는 평균점수가 낮았고, 후자에서는 부족한 사람의 비율이 높았다. '사회자본집단'에서는 사회활동모임 1개 집단이 상호성과, 합리성, 반대의견 듣기에서 취약한 것으로 나타났다. 이 집단은 상호성, 합리성에서 평균점수가 낮았고, 합리성, 반대의견 듣기에서는 부족한 사람의 비율이 높았다. 마지막으로 '온라인 이용집단' 간에는 소통예의에서만 온라인 고이용집단이 취약한 것으로 나타났다.

전체적으로 사회활동모임 1개 이하 집단과 소득하위집단이 소통의 질 3개 차원에서 취약점을 가지고 있는 것으로 나타났다.

소득하위집단에 대한 진단결과는 소득 불평등과 정치적 민주화 간의 상관관계를 보여준다는 점에서 의미가 있다. 진정한 민주화를 위해서는 여론형성과정에 계층 간 구별 없이 참여하고 기여할 수 있어야 한다. 그러나 3장에서 확인한 것처럼 소득하위집단은 사회적 이슈에 대한 대화나 토론에 보다 적은 시간 동안 참여했을 뿐 아니라, 소통행위의 질적 측면에서도 취약함을 보여주었다. 이는 이들 집단이 사회적 소통과정에 양적, 질적으로 상대적으로 덜 기여하게 됨을 의미한다. 자신의 주장과 요구를 반영시키고 자신의 사회적 시각을 알릴 기회가 다른 집단에 비해 더 적고, 설사 자신의 의사를 표현하더라도 다른 소통상대방들로부터 비합리적인 일방적인 주장으로 여겨져 외면당하는 일이 더 많을 수 있다. 본 연구결과는 소득하위집단이 공론장에 실질적으로 동등하게 참여하기 위해서는 소득 불평등의 개선이 필요함을 말해 주고 있다.

본 연구결과는 또한 소통의 질적 개선을 위해 사회자본이 중요한 역할을 할 수 있음을 환기시킨다. 정기적으로 참여하는 사회활동모임이 없거나 1개인 사람은 2개 이상 참여하는 사람보다 상호성, 합리성, 반대의견 듣기가 부족할 가능성이 높은 것으로 나타났다. 사회자본에 대한 일련의 연구들에 따르면, 사회활동모임을 통해 타인들과 교류하는 것은 개인과 사회에 심리적, 경제적, 사회적 이익을 가져다준다. 본 연구는 소통행위의 질적 개선을 통한 여론형성과정에 대한 기여라는 사회자본의 또 다른 순기능을 보여주었다는 점에서 의의가 있다.

중도성향집단이 소통행위의 질적 측면에서 문제가 있을 가능성이 높다는 결과는 다소 의외라 할 수 있다. 일반적으로 사회적 소통과정에 문제를 야기하는 사람은 자신의 사회·정치적 성향이 뚜렷한 사람으로 보는 경우가 많기 때문이다. 특히 이 집단이 상호성과 반대의견 듣기에서 취약성을 드러냈다는 점은 특히 우려스러운 부분이라 할 수 있다. 이는 '중도'에서서 양쪽 의견을 조율하는 역할을 이 집단에 기대하기 어렵다는 것을 말해주기 때문이다. 그러나 이러한 결과는 중도성향집단에 사회적 이슈에 무관심한 사람들이 많이 포함되어 있기 때문에 나타난 것일 수도 있으므로 성급한 판정을 내리기 곤란하다. 앞으로 중도성향집단의 특성에 대한 보다 심도 깊은 연구가 필요하다고 하겠다.

<표 4-7> 사회집단별 소통의 질 자가진단결과 종합

사회집단 범주	집단구분	n	평균점수가 부족한 차원	부족한 사람 비율이 높은 차원
성별	남성	483	소통예의	
	여성	500		
세대	20 대	162	소통예의	소통예의
	30 대	198		
	40 대	218	반대의견 듣기	
	50 대	196		
	60 대 이상	209	반대의견 듣기	합리성
학력	중등 이하	122	합리성	합리성
	고등학교	391		
	대학 재학 이상	465		
가구소득 수준	소득하위집단	248	상호성, 합리성, 반대의견 듣기	상호성, 합리성
	소득중위집단	498		
	소득상위집단	237		
정치적 성향	진보성향	284		
	중도성향	333	반대의견 듣기	상호성
	보수성향	366		
사회활동 모임	1 개 이하	185	상호성, 합리성	합리성, 반대의견 듣기
	2 개	310		
	3 개	284		
	4 개 이상	204		
온라인 이용 수준	이용안함	281		
	저이용	430		
	고이용	272	소통예의	

CHAPTER

5장 면대면/온라인 소통이 소통의 질에 미치는 영향

5.
면대면/온라인 소통이 소통의 질에 미치는 영향

시민들의 소통활동과 관련된 또 다른 중요한 이슈는 인터넷과 모바일 미디어의 보급과 함께 시민들의 일상적인 소통양식이 어떻게 달라지는가이다. 소통할 때 이용하는 매체가 새로 추가되거나 대체됨에 따라 시민들이 서로 소통하는 방식에도 변화가 있을 것으로 예상할 수 있다. 온라인 매체는 이용자들이 시간과 공간의 제약을 극복하고, 보다 다양한 사람들과 보다 쉽게 소통할 수 있도록 돕는다. 또한 익명성, 사회적 현전성(social presence) 등에 있어서 기존의 면대면 대화와 근본적으로 다른 소통환경을 제공한다. 이러한 온라인 매체의 특징은 사회적 이슈에 관한 소통에도 의미있는 변화를 가져올 수 있다.

연구진은 이러한 소통양식의 변화를 탐구하기 위해 2단계의 위계적 회귀분석을 실시하였다. 1단계로 인구사회학적 변인이 소통의 질에 미치는 영향을 통제하기 위해 인구사회학적 변인을 독립변인으로 하는 회귀분석을 실시한 다음, 두 가지 변인, 즉 사회적 이슈에 대한 면대면 대화시간과 온라인 소통시간을 추가하여 2단계 회귀분석을 실시하였다.

1단계 회귀분석결과, 인구사회학적 변인은 대체로 앞 장에서 관찰된 패턴으로 소통의 질에 영향을 미침을 알 수 있었다. 사회활동모임 수가 많아질수록 상호적이고 합리적인 소통을 하였으며, 소득수준이 높을수록 소통의 합리성 지수가 높아질 뿐만 아니라, 반대의견 듣기를 잘하는 것으로 나타났다. 학력이 높을수록 합리적인 소통을 하며 여성이 남성보다 소통예의를 잘 지켰고, 나이가 많을수록 소통예의를 잘 지켰다. 소득수준의 차이가 상호성에 미치는 영향이 유의미한 수준에 이르지 못한 점 정도가 집단별 변량분석결과와 다른 점이다. 40대와 중도성향 등 중간집단의 특징적 성격 역시 회귀분석이 포착하지 못하였다.

2단계 회귀분석을 통해 온라인/면대면 소통시간이 각각 다른 패턴으로 상호성, 합리성, 그리고 소통예의에 유의미한 영향을 미침을 알 수 있었다.

<표 5-1> **면대면/온라인 소통시간이 소통의 질에 미치는 영향** (N=978)

독립변인	종속변인							
	상호성		합리성		반대의견 듣기		소통예의	
성별(1=여성)	-0.01	0.00	-0.01	-0.01	-0.02	-0.02	0.13***	0.12***
연령	-0.03	-0.08	0.02	-0.02	-0.04	-0.07	0.15**	0.13**
학력(재학기간)	-0.04	-0.04	0.14**	0.14**	0.01	0.01	0.07	0.07
소득수준	0.07	0.06	0.09*	0.09*	0.10**	0.10**	0.03	0.05
가족 수	0.00	0.01	-0.06	-0.06	-0.01	-0.01	0.02	0.01
사회활동모임 수	0.10**	0.09**	0.15***	0.15***	0.00	0.00	0.01	0.03
정치성향(보수성)	0.03	0.02	-0.01	-0.01	0.00	0.00	0.01	0.01
면대면 소통시간		0.09**		0.04		0.05		-0.13***
온라인소통시간		-0.08*		-0.09*		-0.05		-0.06
R^2	1.6%	2.5%	6.1%	6.7%	1.6%	1.9%	2.9%	5.2%
F	2.26*	2.77**	9.04***	7.69***	2.32*	2.14*	4.15***	5.85***

주: 입력된 값은 표준화된 회귀계수(β)

* p<.05, ** p<.01, *** p<.001

1. 소통의 상호성에 대한 면대면 소통의 긍정적 영향

회귀분석결과, 면대면 대화와 토론 시간이 많을수록 상호성이 높아지는 것으로 나타났다. 이에 비해 온라인 소통시간은 상호성에 부정적인 영향을 미쳤다. 이러한 차이는 소통양식의 특성이 반영된 것으로 보인다. 면대면 상황에서는 상대방이 현전해 있기 때문에 그의 말에 귀 기울이는 자세를 갖기 쉽다. 상대방의 반응을 즉각적으로 확인하며 대화나 토론을 진행할 수 있으며, 또 상대의 발화에 쉽고 풍부하게 반응을 표현할 수 있다. 이러한 면대면 소통의 특징적 양태는 상호성 계발에 긍정적으로 기여했던 것으로 보인다. 즉, 일상적으로 면대면 소통경험을 많이 갖는 사람일수록 듣기와 상호작용적 행위를 보다 잘 하는 것으로 나타났다.

면대면 소통이 합리성에 미치는 긍정적인 영향은 통계적으로 유의한 수준이 아니었다. 이를 사회자본이 합리성에 미치는 영향과 비교해 볼 수 있을 것이다. 우리는 앞선 사회집단별 합리성 지표 차이에 대한 분석에서 사회활동모임을 통해 이루어지는 사회적 교류가 소통행위의 상호성과 합리성을 계발한다고 설명한 바 있다. 사회활동모임에서의 소통도 주로 면대면 소통으로 이루어진다고 볼 수 있다. 그런데 일상적인 면대면 소통시간은 합리성을 유의미하게 증가시키지 않지만, 사회활동모임 수는 합리성을 증가시킨다. 이는 사회활동모임에서 이루어지는 소통의 특수성에 의한 영향 때문인 것으로 보인다. 즉, 취미나 친목을 위해 자발적으로 참여한 모임에서 이루어진 소통이, 전반적인 면대면 소통보다 보다 뚜렷하게 합리성 계발에 긍정적 영향을 미치는 것이다. 후자의 경우, 친밀도가 높은 사람(가족, 친한 친구)과의 소통이 포함되어 있는데, 이러한 소통에서는 논리나 이유, 근거 등을 따지기보다는 격의 없고, 감정적이며, 이심전심의 소통을 추구하는 경향이 두드러질 수 있다. 반면, 사회활동모임에는 친하지 않은 사람이나 다른 의견을 가진 사람이 포함되어 있기 때문에 상대적으로 주장의 이유나 근거, 혹은 주장의 장단점 비교에 보다 신경을 쓰는 태도로 소통에 임할 수 있다.

2. 온라인 소통이 상호성과 합리성에 미치는 부정적인 영향

온라인 소통시간이 많을수록 시민들의 상호성과 합리성 점수는 낮아지는 것으로 나타났다. 먼저 상호성에 대한 부정적인 영향은 면대면 매체와는 상반된 온라인 매체의 특성에 기인한 것으로 해석될 수 있다. 소통 공간에서의 상대방의 부재, 익명성, 상호작용의 수단으로 사용할 수 있는 비언어적 표현의 상대적 빈약성 등이 소통의 상호성을 약화시키는 것으로 보인다. 또한 인터넷 커뮤니티나 소셜 미디어를 통한 소통의 경우, 상호성 구현이 힘든 '일 대 다' 형태의 소통이 많다는 점도 영향을 미쳤을 것이다.

온라인 소통시간이 소통의 질에 미치는 영향을 보다 정밀하게 알아보기 위해, 온라인 소통의 세 하위유형을 구분하여 회귀분석을 실시하였다.

분석결과, 흥미로운 양상을 발견할 수 있었다. 온라인 소통시간이 소통의 상호성에 미치는 부정적인 영향은 주로 인터넷 커뮤니티로부터 오며, 합리성에 미치는 부정적 영향은 주로 소셜 미디어로부터 나옴을 알 수 있었다. 인터넷 커뮤니티를 통한 소통은 온라인 소통 유형 중 가장 일방향적이며,[1] 소통상대방의 익명성이 두드러지는 미디어이다. 상대방을 나타내는 단서들이 드문 상태에서 잘 모르는 상대방과 소통을 하는 것이기에 상대방에 대한 의식이나 존중감이 희박해지기 쉽다. 이에 따라 상대방의 생각이나 입장을 주의 깊게 파악하기보다 그들의 글을 훑어보는 것이 주된 수용의

1) 본 연구의 소통시간 조사결과에 따르면, 인터넷 커뮤니티의 경우 쓰기/읽기의 비율이 23.8%로 소셜 미디어 33.9%, 매개된 대화 57.9% 보다 낮았다.

양식일 가능성이 높다. 이러한 소통양식의 특성 때문에 인터넷 커뮤니티를 통한 소통은, 다른 온라인 소통 유형보다 뚜렷하게 상호성에 부정적인 영향을 미친 것으로 보인다.

합리성에 대한 소셜 미디어의 부정적 영향은 짧은 문장 단위의 의견 표현이 지배적이거나(트위터의 경우), 사교적인 매체로 활용되는 경우가 많기(페이스북이나 사이월드의 경우) 때문에 나타난 것으로 보인다. 양쪽 특성 모두 이유와 근거를 제시하는 등의 합리적 토론과 거리가 있다. 뿐만 아니라 간명하고 인상적인 멘트를 주고받는 소통이나 친목관계를 우선시하는 소통 경험이 이용자의 합리성에 영향을 미쳤을 것이다.

또 다른 흥미로운 결과는 온라인 소통이 반대의견 듣기에 미치는 부정적 영향이다. 본 조사에 따르면 인터넷 커뮤니티는 반대 의견 상대방을 가장 많이 마주치는 소통의 유형이지만(7장 2절 참조) 인터넷 커뮤니티 소통시간이 많아질수록 반대의견 듣기의 질은 나빠지는 것으로 나타났다. 이에 대해 두 가지 설명이 가능할 것으로 보인다.

첫째, 인터넷 커뮤니티에 자주 등장하는 저급한 반대의견에 대한 경험이 반대의견 듣기에 부정적인 영향을 미쳤을 가능성이다. 비교적 동질적인 사회·정치적 의견을 공유하는 인터넷 커뮤니티에는 그러한 지배적 의견에 도전하여 자기주장을 공격적으로 제시하는 '어그로꾼'이 많이 등장한다. 이들은 짧은 시간 내에 같은 내용의 글을 반복해 게시하는 '도배하기'를 행하거나, 적어도 커뮤니티 이용자들이 보기에는 비합리적 논리와 단편적 사실, 말꼬리 잡기에 의존하여 수렴 가능성이 없는 논쟁을 끈질기게 이끌어 간다. 이러한 전투적인 반대의견의 경험은 그러한 의견에 대한 관심을 갖고, 선택해 읽으며, 이해하려는 태도를 약화시킬 수 있을 것이다.

둘째, 일반적으로 반대의견에 대한 나쁜 경험은 불쾌감 같은 부정적 감정을 낳고, 이것이 반대의견 듣기 실천을 약화시키는 것일 수도 있다. 반대의견에 많이 노출되지 않은 상태에서는 반대의견 듣기를 잘한다고 대답하기 쉽지만, 실제로 많이 접한 경우에는 그렇지 못 하는 경향이 나타나는 것이다.

유의미한 수준은 아니었지만 트위터, 페이스북, 블로그 등 소셜 미디어의 경우에는 반대의견 듣기에 오히려 정적인 영향을 미치는 것으로 나타났다. 소셜 미디어의 경우, 극단적인 반대의견 주창자를 차단할 수 있다는 점과 서로 아는 이용자와의 소통이 많기에 과도한 반대의견 주장이 드물다는 점이 반영된 것으로 보인다.

온라인 소통시간이 상호성, 합리성, 반대의견 듣기에 부정적인 영향을 미친다는 회귀분석결과는 온라인 소통에 대한 부정적 시각이 보다 타당함을 입증해 준다. 그러나 이러한 부정적 진단을 다소 제한할 필요는 있다. 앞선 온라인 비이용자, 저이용자, 고이용자 집단 간의 비교에서는 소통예의를 제외하고는 온라인 이용자들의 소통행위의 질이 부족하다는 결과는 나오지 않았다. 오히려 유의미한 수준은 아니었지만, 합리성과 반대의견 듣기에서 온라인 이용자의 평균점수가 비이용자보다 높았다. 이는 온라인 이용자 집단에 고학력자와 높은 소득수준의 시민들이 보다 많이 포함되어 있기 때문이다. 온라인 소통시간은 학력 및 소득수준과 정적인 상관관계를 갖고 있고, 다시 이들 변인은 합리성과 반대의견 듣기에 긍정적인 영향을 미친다. 결과적으로 온라인 소통 이용자들은 비이용자들에 비해 소통의 질 차원에서 부족하지 않은 것으로 나타났다. 반면, 학력과 소득수준 변인 등을 통제한 회귀분석결과에서는 온라인 소통시간의 부정적 영향이 확인되었다.

실제 온라인에서 진행되는 소통의 양상은, 면대면 소통에 비해 합리성이나 반대의견 듣기가 질적으로 부족한 것이 아닐 수 있다. 그러나 이는 이용자의 학력이나 소득수준을 고려할 때 기대할 만한 수준에는 미치지 못한 것이다. 본 연구결과는 학력이나 소득수준이 소통의 질에 미칠 수 있는 긍정적 영향이 온라인 소통의 매체적 특성이나 실제 소통과정 등에 의해 잠식당하고 있음을 말해준다.

3. 면대면 소통이 소통예의에 미치는 부정적 영향

기대와는 달리 면대면 소통시간 많을수록 소통예의가 나빠지는 것으로 나타났다. 온라인 소통의 경우, 소셜 미디어 소통시간에 한해서만 소통예의에 대한 유의미한 부정적 영향이 확인되었다. 온라인 전체 소통시간 역시 소통예의와 부적 관계에 있었지만 통계적으로 유의한 수준은 아니었다.

이같은 결과는 친밀한 관계에서의 소통에서 욕설 및 비속어 사용, 공격적 표현의 사용이 많아지는 것을 반영한 것으로 보인다. 면대면 소통은 대부분 가족, 친구, 직장동료 등과 같은 지인을 통해 이루어진다. 가까운 지인 간에는 욕설, 비속어 사용이나 공격적인 표현이 상대적으로 많은 것으로 알려져 있다. 비공식적인 편안한 소통조건이 무례한 표현에 보다 허용적이며, 욕설이나 비속어가 또래 집단의 친밀감 강화를 위해 사용되기도 하기 때문이다(손진희·이영수·최유진, 2013). 후자는 특히 남성 또래 집단에서 나타나는 현상이다. 온라인 소통 중 소셜 미디어 소통시간이 소통예의에 부정적 영향을 미쳤던 것도 같은 방식으로 설명될 수 있다. 관계형 매체를 통한 친밀한 사람들 간의 소통이라는 조건이 공격적 표현 사용에 우호적인 환경을 제공했다고 볼 수 있다. 비록 유의한 수준은 아니었지만, 소통예의에 대해 일방향적 소통에 가까운 인터넷 커뮤니티 소통시간은 정적인 영향, 관계형 매체 유형인 매개된 대화는 부적인 영향을 각각 보였다는 결과(<표 5-2>)도 이같은 설명을 뒷받침해 준다.

이렇게 공격적 표현 사용이 소통상대방과의 친밀성과 연관성이 있다는 결과는 소통예의를 소통의 질의 한 기준으로 간주해도 좋은지에 대한 근본적인 질문을 제기한다. 만약 적절한 수준의 공격적인 표현이 소통상대방과의 유대와 공감 형성에 긍정적인 영향을 미친다면, 또 그것이 민주적 여론형성 과정에 도움이 된다면 공격적인 표현을 질 낮은 것으로 간주하는 일반화된 전제는 이론적 타당성이 약화된다. 그러나 친밀한 관계에서 보다 쉽게 사용되는 공격적 표현이 부정적인 소통결과를 가져올 수도 있다. 앞으로 공격적인 표현이 소통과정에 미치는 긍정적, 부정적 영향에 대한 보다 면밀한 연구가 필요하다.

<표 5-2> 온라인 매체별 소통시간이 소통의 질에 미치는 영향 (N=978)

독립변인	종속변인			
	상호성	합리성	반대의견 듣기	소통예의
성별(1=여성)	-0.01	-0.01	-0.02	0.13***
연령	-0.08	-0.03	-0.06	0.13**
학력(재학기간)	-0.04	0.13**	0.02	0.07
소득수준	0.06	0.09*	0.10*	0.05
가족 수	0.00	-0.06	-0.01	0.01
사회활동모임 수	0.09*	0.15***	-0.01	0.04
정치성향(보수성)	0.02	-0.01	0.00	0.01
면대면 소통시간	0.09*	0.04	0.05	-0.12***
인터넷 커뮤니티 소통시간	-0.07*	-0.02	-0.09*	0.04
소셜 미디어 소통시간	-0.02	-0.09*	0.05	-0.08*
매개된 대화 소통시간	-0.02	0.00	-0.02	-0.04
R^2	2.6%	6.9%	2.5%	5.6%
F	2.38**	6.54***	2.27*	5.23***

주: 입력된 값은 표준화된 회귀계수(β)

* $p<.05$, ** $p<.01$, *** $p<.001$

CHAPTER

6장 한국적 소통성향과 민주적 시민의식이 소통의 질에 미치는 영향

6.
한국적 소통성향과 민주적 시민의식이 소통의 질에 미치는 영향

연구팀은 인구사회학적 변인 외에 사회적 소통의 질에 영향을 미칠 수 있는 네 가지 변인을 설문문항에 포함시키고, 이들과 소통의 질과의 관계를 살펴보았다. 본 연구가 관심을 가진 선행요인은 크게 두 가지 유형이다. 첫 번째 유형은 한국적인 소통문화의 특징과 관련된 변인으로 토론속도주의와 집단동조성향이 이에 속한다. 두 번째 유형은 소통과 관련된 대표적인 민주주의적 신념인 정치적 관용(political tolerance)과 정치효능감(political efficacy)이다.

1. 주요 개념 소개

1) 토론속도주의

토론속도주의는 한국인의 사회적 토론과정에서 나타나는 '빨리 빨리' 문화에 대해 최윤정과 이종혁(2012b)이 제안한 개념이다. 그것은 다양한 의견을 참조하지 않고 토론의 과정과 절차를 무시하면서 빨리 토론을 끝내려는 성향과 문화로 정의될 수 있다. 최윤정과 이종혁(2012b)의 논의에서 토론속도주의는 한국사회에서 일반적으로 볼 수 있는 '빨리 빨리' 행동양식의 일종이면서, 한국적 소통성향의 특징을 반영하는 것으로 설명한다. 즉, 토론속도주의는 폐쇄된 소집단 내의 소통을 우선시하고, 맥락적 단서에 의한 암시, 감정과 직감, 은유에 의한 소통을 선호하며, 과묵함을 미덕으로 여기는 전통적 소통문화와도 연관성이 있는 것으로 논의된다.

최윤정과 이종혁은 토론속도주의가 숙의적 토론에 미치는 부정적 영향에 관심을 기울였다. 이들의 연구결과, 토론속도주의의 두 하위 차원 중 하나인 의견의 다양성 무시가 합리적 토론과 이견 교류에 부정적 영향을 미치는 것으로 나타났다. 이들 연구의 합리적 토론과 이견 교류 변인은 각각 본 연구의 합리성과 반대의견 듣기와 대체로 유사하다.

<표 6-1>. **토론속도주의 문항과 기술통계치**

토론속도주의 관련 대립 진술문 (좌측 진술문 동의 정도가 높을수록 1점, 우측 진술문 동의 정도가 높을수록 7점)		*M*	*SD*	*α*
사회적 의견 대립은 자연스러운 현상이다.	사회적 의견 대립은 최소화되어야 한다.	3.08	1.40	.61
사회적 혼란을 일으킬 수 있는 다양한 의견 표출은 바람직하지 않다.*	다소의 혼란이 야기되더라도 다양한 의견 표출은 바람직하다.	3.40	1.29	
지도자가 신속하게 결정을 내리는 것보다 충분한 대화와 토론을 거치는 것이 바람직하다.	대화와 토론에 많은 시간을 들이는 것보다 지도자가 신속하게 결정을 내리는 것이 바람직하다.	3.19	1.46	
사회적 이슈에 대한 논의에 충분한 시간을 들이는 것이 좋다.	사회적 이슈에 대한 논의는 가능한 빨리 마무리되는 것이 좋다.	3.38	1.42	

* 표시의 문항은 역으로 코딩하여 점수를 부여함.

연구팀은 최윤정과 이종혁의 토론속도주의 척도를 다음과 같이 수정하여 문항을 작성하였다. 우선 토론속도주의를 나타내는 진술문과 그에 반대되는 진술문을 각각 만들어 설문지 양쪽에 배치하고, 이에 동의하는 정도를 7점 척도의 보기에 표시하도록 하였다. 이렇게 대립되는 진술문들 간의 대비를 통해 응답자들이 보이는 반응의 변별력이 보다 높아질 수 있을 것으로 판단했기 때문이다. 이 작업을 거치면서 진술문의 내용도 부분적으로 달라졌다. 또한 본 연구에서는 주성분 분석결과에 따라 하위차원을 구분하지 않고, 다양성과 토론과정에 관한 문항이 각각 2개씩으로 이루어진 단일차원의 변인을 만들었다.

2) 집단동조성향

동조(conformity)란 사회적 규범이나 다수의 의견에 개인의 의견이나 신념, 행동을 일치시키는 행동을 말한다. 동조는 어느 문화권이나 있는 현상이지만 개인주의 문화보다 집단주의 문화에서 동조가 보다 잘 나타난다(Bond & Smith, 1996). 또한 같은 문화에서도 개인주의자보다 집단주의자들이 보다 강한 동조성향을 갖는다(조긍호·김은진, 2001). 조긍호(1999)는 이에 대해 내집단(ingroup)과 동일시된 자기-개념(self-concept)을 갖는 집단주의자들이 동조를 비독립성이나 비자율성의 발현으로 보기보다, 집단에 대한 소속을 통해 자기를 확대하는 수단으로 이해하기 때문으로 설명한다. 동조는 집단의 통합과 조화에 기여한다는 점에서 이러한 가치를 중시하는 집단주의자들에게 긍정적으로 받아들여질 수 있다.

그런데 동조는, 선분 길이 판단에 집단압력이 영향을 미쳤다는 애쉬(Asch)의 선구적 연구가 함축하듯이, 합리적 판단이 소통과정에 반영되는 것을 방해할 수 있다. 그것은 다른 사람 의견에 관심을 두게 한다는 점에서 상호성에 기여할 수 있지만, 이는 다수의 의견에만 한정된다는 점에서 한계가 있다. 동조는 의견수렴에 기여할 수 있을 것이다. 그러나 이렇게 합리적 논의과정을 거치지 않은 의견수렴을 바람직한 것으로 보기 어렵다. 하버마스는 단지 사실적으로 존재하는 의견일치와 합리적 토대를 갖는 의견일치를 구분해 후자만을 바람직한 것으로 간주한 바 있다(Habermas, 1981/2006).

한국은 집단주의 문화로 분류되며, 개인주의자보다 집단주의자들이 많은 것으로 알려져 있다(Hofstede, 1991/1995). 이는 사회적 소통과정에 집단 의견 동조가 많이 나타날 것으로 예상하게 한다. 이러한 집단 동조가 소통의 질에 어떠한 영향을 미치는지 살펴보는 것은 한국의 문화적 특징이 사회적 소통과정에 어떻게 반영되는지 이해하는 데 도움을 줄 뿐 아니라, 소통의 질 지수가 의미하는 바를 파악하는 데도 기여할 수 있을 것이다.

연구진은 집단주의 척도 중 동조행위와 관련된 문항과 갈등회피성향 척도의 일부 문항을 변형시켜 네 문항으로 된 집단동조성향 척도를 제작하였고, 측정된 평균값을 분석에 사용하였다. 네 문항의 신뢰도는 α=.68이었다.

<표 6-2> 집단동조성향 문항과 기술통계치 (N=983)

문항	평균	표준편차	α
상대와 의견이 다른 경우, 상대방의 의견에 동조하는 척한다	4.00	1.34	.68
상대와 의견이 다른 경우, 상대방의 의견을 따르는 편이다	4.02	1.21	
나는 내가 속한 집단의 의견을 따라가는 경향이 있다	4.45	1.15	
의견을 제시할 때, 다른 사람의 시선이나 평판을 의식하는 편이다	4.24	1.20	

3) 정치적 관용

정치적 관용은 서로 다른 정치적 의견을 가진 사람들에 대한 존중과 인정의 태도를 말한다. 많은 숙의민주주의 시각의 연구자들은 '관용'을 민주적 공론장을 위해 필요한 기본적인 시민적 자질로 다루었다(송현주 외, 2006; 정일권·이준웅·배영, 2013; 최윤정·이종혁, 2012b; 한혜경, 2005; Bohman, 2000). 서로 다른 의견이 상호적이고 합리적인 논의를 통해 수렴되기 위해서는, 또는 더 많은 지지자를 얻기 위한 공정한 경쟁을 펼치기 위해서는 무엇보다 먼저 각 의견들의 차이를 인정하고, 사회적 영역을 일정 부분 허락하는 태도가 전제되어야 하기 때문이다.

<표 6-3> **정치적 관용 문항과 기술통계치** (N=983)

문항	평균	표준편차	α
나와 정치적 의견이 다른 사람들도 자기 자신의 의견을 제시할 생각한다.	5.05	0.97	
나와 정치적 의견이 다른 사람들의 의견도 들어 보아야 한다고 생각한다.	5.01	0.96	
나와 정치적 의견이 다른 사람들의 의견 중에서도 수용할 만한 것이 있다고 생각한다.	4.95	0.93	.80
나와 정치적 의견이 다른 사람들의 시위나 집회도 허용되어야 한다고 생각한다.	4.78	1.06	
나와 정치적 의견이 다른 사람들도 국회의원이나 대통령이 될 수 있다고 생각한다.	4.92	1.05	

사회적 이슈에 대한 소통 상황에서 정치적 관용은 소통의 질을 향상시키는 데 기여할 것으로 기대할 수 있다. 한혜경(2005)의 연구에서 관용과 양질의 소통행위(합리적 의견교환과 의견교환의 개방성) 사이에는 유의미한 상관관계가 있음이 확인된 바 있다.

본 연구의 정치적 관용척도는 김은미와 이준웅의 연구(2006)에서 사용된 척도를 7점 척도로 변화시킨 것이다. 그것은 다른 정치적 의견을 가진 사람에 대해 이들의 의견표현이 갖는 가치와 정치참여에 대한 허용 여부를 묻는 방식으로 정치적 관용을 측정하였다.

4) 정치효능감

정치효능감(political efficacy)은 자신이 정치적 영향력을 미칠 수 있다는 신념을 말한다. 정치효능감은 정치 참여의 심리적 원동력이라는 점에서 참여민주주의 실현과 관련하여 주목을 받아 왔다. 그것은 크게 정치과정에서의 자신의 수행능력에 대한 자신감(내재적 효능감)과 그러한 참여에 대한 정부나 정치인들의 반응 및 수용에 대한 믿음(외재적 효능감)으로 구분된다(남인용, 2013). 두 유형의 정치효능감 모두 투표나 선거운동, 정치모임 참석 등 정치참여에 긍정적 영향을 미치는 것으로 알려져 있다. 본 연구 대상인 사회적 이슈에 관한 소통과 정치효능감 간에도 어떤 긍정적 연관이 있을 것으로 보인다. 사회적 이슈에 대한 소통도 공론장 참여를 통해 정치과정에 영향을 미치는 행위로 시민들에게 인식될 수 있기 때문이다.

그런데 정치효능감이 소통의 질에 어떤 영향을 미칠 것인지는 다소 불투명하다. 자신의 정치적 소통능력에 대해 갖고 있는 자신감과 자신의 행동이 정치과정에 유의미한 영향을 줄 것이라는 믿음은 소통의 질을 개선하려는 동력이 될 수 있지만, 자신의 정치적 의견을 앞세우면서 다른 의견 듣기나 합리적 소통에 소홀하거나 타인에 대한 공격적 표현을 서슴지 않을 수도 있기 때문이다.

<표 6-4> 정치효능감 문항과 기술통계치 (*N*=983)

문항	평균	표준편차	α
나 같은 사람이 정부가 하는 일에 대해 말해봤자 소용없다.	3.58	1.35	.67
고위공직자나 정치인들은 나 같은 일반시민이 무슨 생각을 하는지 별로 신경을 쓰지 않는다.	3.24	1.25	
때로 정치나 행정에 관련된 사항은 이해하기 어려울 때가 있다.	3.11	1.12	

본 연구에서는 의견표출에 관한 내용이 많은 나은경과 손영준, 김옥태(2012)의 정치효능감 척도를 사용하였다. 원래 5개 문항이었으나, 신뢰도가 낮은 두 문항을 제외하고 ① 나 같은 사람이 정부가 하는 일에 대해 말해봤자 소용없다 ② 고위공직자나 정치인들은 나 같은 일반시민이 무슨 생각을 하는지 별로 신경을 쓰지 않는다 ③ 때로 정치나 행정에 관련된 사항은 이해하기 어려울 때가 있다의 3문항을 역코딩한 평균값을 사용하였다.

2. 분석결과

먼저 한국적 소통성향과 민주적 시민의식 간의 부분상관관계를 살펴보았다. 인구사회학적 변인과 사회활동모임 수, 정치성향을 통제한 상관관계 분석결과에서 가장 흥미로운 결과는 정치효능감이 토론속도주의와는 정적 상관관계를, 정치적 관용과는 부적 상관관계를 나타냈다는 점이다.

토론속도주의는 사회적 논의과정, 즉 공적 숙의(public deliberation)의 가치를 부정하며 의사결정의 효율성을 중시는 태도이며, 정치효능성은 정치과정에 영향력을 행사할 수 있다는 자신감의 정도를 말한다. 둘 사이의 정적인 관계가 있다는 것은, 정치참여에의 심리적 동력을 가지고 있는 사람들일수록 숙의 가치를 부정할 수 있다는 것을 의미한다. 거꾸로 숙의의 가치를 중시하여 힘든 사회적 논의과정을 인내하는 사람은 정치참여에의 심리적 동력이 부족함을 의미한다.

<표 6-5> **한국적 소통성향 및 민주적 시민의식 변인들 간의 부분상관관계**

	토론속도주의	집단동조성향	정치적 관용	정치효능감
토론속도주의	1.000			
집단동조성향	.063*	1.000		
정치적 관용	-.394***	.047	1.000	
정치효능감	.167***	-.011	-.377***	1.000

이와 유사한 패턴은 정치효능성과 정치적 관용 간의 부적인 관계에서도 나타난다. 정치적 관용은 다른 의견에 대한 존중과 인정의 태도를 말한다. 그것은 서로 다른 의견들 간의 사회적 소통을 위해 필요한 기본적 자질이다. 그런데 정치효능성이 높을수록 다른 의견에 대한 개방성이 부족하며, 반대로 정치적 관용이 높을수록 정치과정 참여에 대한 자신감이 약화되는 결과가 나타난 것이다.

이는 제도적 정치체계와 공론장이 긴밀히 연결되지 못한다는 시민들의 인식을 반영하는 것으로 해석된다. 둘이 분리되어 있다고 생각하기에, 사회적 논의과정을 중요하게 생각하면서도 자신의 논의결과가 정치체계에 수용될 것이라 기대하지 않는 경향이 나타나고, 반대로 그러한 논의과정의 가치를 부정하면서 자신의 의견이 정치체계에 반영될 수 있다고 생각하는 경향이 나타날 수 있는 것이다.

<표 6-6> 토론속도주의, 집단동조성향, 정치적 관용, 정치효능감이 소통의 질에 미치는 영향 (N=978)

독립변인	종속변인							
	상호성		합리성		반대의견 듣기		소통예의	
성별(1=여성)	0.00*	-0.01	-0.01	0.00	-0.02	-0.01	0.12***	0.13***
연령	-0.08	-0.07	-0.02	-0.01	-0.07	-0.07	0.13**	0.14**
학력(재학기간)	-0.04	-0.04	0.14**	0.14***	0.01	0.01	0.07	0.08
소득수준	0.06	0.03	0.09*	0.07	0.10**	0.06	0.05	0.06
가족 수	0.01	0.01	-0.06	-0.06	-0.01	0.00	0.01	0.01
사회활동모임 수	0.09**	0.09**	0.15***	0.15***	0.00	0.01	0.03	0.02
정치성향(보수성)	0.02	0.04	-0.01	0.01	0.00	0.02	0.01	0.01
면대면 소통시간	0.09**	0.09*	0.04	0.05	0.05	0.04	-0.13***	-0.11***
온라인소통시간	-0.08*	-0.06	-0.09*	-0.07	-0.05	-0.04	-0.06	-0.05
토론속도주의		-0.10**		-0.11**		-0.09**		-0.03
집단동조성향		0.20***		0.09**		0.20***		-0.08*
정치적 관용		0.18***		0.25***		0.21***		0.12**
정치효능감		-0.02		0.03		0.15***		-0.01
R^2	2.5%	12.4%	6.7%	16.3%	1.9%	11.7%	5.2%	7.7%
F	2.77**	10.45***	7.69***	14.40***	2.14*	9.81***	5.85***	6.16***

주: 입력된 값은 표준화된 회귀계수(β)

* $p<.05$, ** $p<.01$, *** $p<.001$

이밖에 토론속도주의와 정치적 관용의 부적인 관계와 토론속도주의와 집단동조성향 간의 정적인 관계는 자연스러운 결과로 볼 수 있다. 전자의 경우, 정치적 반대의견에 대한 존중과 인정은 많은 시간을 요하는 사회적 논의과정에 대한 인내로 이어지기 쉽기 때문에 나타난 결과로 설명될 수 있다. 토론속도주의에 포함되어 있는 의견 다양성 무시의 태도는 다른 의견에 대한 비관용의 태도와 개념적 관련성이 있다. 후자의 경우, 집단이나 다수의 의견에 대한 동조성향을 가질수록 의견 충돌 없는 신속한 의사결정을 선호하는 경향이 나타난 것으로 보인다.

인구사회학적 변인 및 소통시간이 소통의 질에 미치는 영향을 파악하기 위해 살펴본 회귀식에 토론속도주의, 집단동조성향, 정치적 관용, 정치효능감을 추가하여 이 4가지 변인들이 소통의 질의 각 하위차원에 미치는 영향을 살펴보았다. 그 결과는 다음과 같이 정리될 수 있다.

1) 정치적 관용은 소통의 질의 모든 하위차원에 긍정적인 영향을 미친다.

회귀분석결과 정치적 관용은 모든 차원의 일상적인 소통행위의 질을 높이는 것으로 나타났다. 합리성, 반대의견 듣기, 소통예의에 대해서는 조사대상 변인 중 가장 영향력이 컸다. 정치적 관용은 서로 다른 의견에 대한 존중과 인정의 태도를 의미한다. 이는 일상의 소통과정에서 반대의견에 관심을 갖고 이해하려는 실천을 증진시키고, 보다 일반적인 타인에 대한 경청에도 긍정적인 영향을 미쳤던 것으로 보인다. 정치적 관용은 또한 합리성에도 긍정적인 영향을 미쳤다. 이는 다른 의견에 대한 권리 인정이 그에 대한 합리적 대응으로 이어졌음을 보여준다. 다른 의견에 대해 알려질 권리, 논변의 대상이 될 권리를 인정하는 것은 합리적으로 그것을 다루는 실천과 연관성이 있다. 마지막으로 정치적 관용은 무례하고 공격적인 표현을 덜 사용하도록 하는 것으로 나타났다. 이는 반대 의견에 대한 관용적 태도가 의견 차이로 인해 발생할 수 있는 부정적 감정을 감소시키거나, 그러한 감정의 표현을 줄이는 데 기여했기 때문에 나타난 결과로 보인다.

2) 토론속도주의는 상호성, 합리성, 반대의견 듣기에 부정적 영향을 미친다.

토론속도주의는 정치적 관용과 반대로 상호성, 합리성, 반대의견 듣기 등 세 차원에 대해 소통행위의 질을 낮추는 것으로 나타났다. 토론속도주의의 변인은 거시적인 사회적 논의과정에 대한 가치나 태도에 관한 것이었지만, 시민들의 일상적 소통에 대한 가치와 태도에 대해서도 대체로 그대로 적용되었던 것으로 보인다. 지도자의 빠른 결단과 논란의 신속한 종결을 선호하고 다양한 의견수렴의 필요성을 부정하는 사람은 일상의 소통행위에서도 경청이나 합리적 토론을 잘 못하는 경향이 있었다.

3) 집단동조성향은 상호성, 합리성, 반대의견 듣기에 긍정적인 영향을 미친다.

집단동조성향은 토론속도주의와는 다르게 상호성, 합리성, 반대의견 듣기에 긍정적 영향을 미쳤다. 타인이나 집단의 의견과 충돌하기보다 동조하고, 의견 제시할 때 타인의 시선을 의식할수록 소통의 질이 좋아지는 것으로 나타났다. 특히 상호성과 반대의견 듣기는 집단동조성향의 영향이 컸다.

집단동조성향이 소통의 질에 미치는 영향은 본 연구조사에서 가장 설명하기 어려운 결과이다. 다른 사람 또는 집단의 의견을 따르는 행위는 주위 의견에 대한 관심과 이해를 전제로 한다는 점에서 상호성에 대한 긍정적 영향은 쉽게 이해될 수 있다. 반대의견 듣기의 경우도, 이러한 성향을 가질수록 집단의 통합과 조화를 중시한다는 점이 반영되었을 것으로 추정된다. 동조성향이 있는 사람은 집단의 조화를 위해 반대의견이 간혹 등장하더라도 이를 배척하기보다 경청하는 태도를 갖도록 노력했을 수 있다. 소통예의에 대한 부정적 영향은 이들의 집단주의적 성향이 친밀한 관계에서의 소통을 많이 하게 하고, 이러한 환경이 욕설이나 공격적인 표현을 상대적으로 쉽게 사용하게 만들었을 것으로 보인다. 본 연구결과 전체를 보면 친밀한 관계에서의 소통과 관련된 변인은 소통예의와 대체적으로 부적 상관관계를 갖는 것으로 나타났다.

그러나 합리성에 대한 집단동조성향의 영향은 쉽게 이해되기 어렵다. 동조성향을 합리적 판단과 배치되는 것으로 본다면 정반대의 영향이 나타났어야 하기 때문이다. 본 연구결과는 동조성향을 비자율적, 비독립적, 비합리적인 것으로 바라보는 시각에서 벗어나야 설명될 수 있을 것으로 보인다. 이를테면, 집단동조성향이 높은 사람은 다른 의견을 가진 타인을 설득하지 않는다는 점에서 적극적이지는 않지만, 대화와 토론의 능력을 갖춘 사람일 수도 있다. 집단이나 관계의 가치를 중시하기에 차이를 드러내고 논쟁을 벌이지는 않지만, 반대의견을 포함한 다른 의견에도 귀기울이고, 각 의견의 장단점을 이유와 근거를 따져가며 판별하는 사람일 수 있다. 그의 동조는 무비판적인 수용이 아니라, 집단의 통합과 조화를 위한 적극적 행위일 수 있는 것이다.

4) 정치효능감은 반대의견 듣기에 긍정적인 영향을 미친다.

정치효능감은 반대의견 듣기에만 정적인 영향을 미친 것으로 나타났다. 그런데 이는 정치적 관용 및 토론속도주의의 영향을 통제한 뒤 나온 결과임에 유의할 필요가 있다. 인구사회학적 변인만 통제한 상태에서 정치효능감은 상호성, 합리성, 소통예의와 유의미한 부적 상관관계를 보였고, 반대의견 듣기와는 정적 관계였지만 통계적으로 의미 있는 수준은 아니었다.

합리성, 상호성, 소통예의의 차원에서 정치효능감이 높을수록 소통의 질이 나빠지는 패턴이 나타났지만, 이는 정치적 관용과 토론속도주의를 경유한 것이었다. 이 두 변인을 통제한 뒤에는 이 세 차원에서 정치효능감의 부정적 영향은 유의미한 수준에 이르지 못했다. 즉, 다른 의견에 대한 존중과 인정, 사회적 논의과정을 무시하는 태도를 경유하지 않는 정치효능감의 영향은 상호성, 합리성, 소통예의 차원에서 나타나지 않았다. 이를 달리 해석하면 정치효능감은 정치적 불관용이나 공적 숙의과정에 대한 무시의 태도와 결합하였을 때, 자기 의견만 앞세우면서 다른 의견 듣기나 합리적 소통에 소홀히 하는 행동이나 타인에 대한 공격적 표현을 서슴지 않는 행동으로 발현된다는 것을 말해준다.

반대로 반대의견 듣기 차원에서는 정치적 관용과 토론속도주의를 통제하였을 때 정치효능감의 영향이 통계적으로 유의한 수준으로 나타났다. 이는 자신의 정치적 소통능력에 대해 갖고 있는 자신감과 자신의 행동이 정치과정에 유의미한 영향을 줄 것이라는 믿음이 반대의견을 적극적으로 수용하는 데 기여하였음을 보여준다. 반대의견 듣기에 대한 정치효능감의 이러한 긍정적인 영향은 불관용과 숙의과정에 대한 무시의 태도를 통제하였을 때 보다 뚜렷이 나타나게 된다.

3. 소결

본 연구에서 집단동조성향이 소통의 질에 미치는 영향을 확인한 것은, 숙의 민주주의 시각 연구의 주요 관심 변인이 아니었던 한국의 문화적 특성을 반영한 선행변인을 발견했다는 점에서 의의가 있다. 집단동조성향은 상호성뿐만 아니라, 합리성, 반대의견 듣기에도 긍정적인 영향을 미친 것으로 나타났다. 나보다 집단이나 타인을 우선시하는 경향은 상대의 말을 주의깊게 대하는 소통태도를 계발하는 데 도움이 되었던 것으로 보인다. 이 상대에는 반대의견을 가진 사람도 포함되었다. 이는 집단주의 문화가 사회적 소통에 기여하는 한 단면을 보여준 것으로 해석될 수 있다.

그러나 집단동조성향이 소통의 질에 미치는 긍정적 영향을 반드시 좋은 것으로만 보기 어렵다. 집단동조성향이 높은 사람들은 자신이 속한 내집단(ingroup)의 의견이 비합리적일 때 그것을 정정하려 하지 않는다는 한계가 있기 때문이다. 개념상 집단동조성향을 가진 사람은 집단의 의견과 자신의 것이 다를 때, 불화나 갈등을 감수하면서 논의과정에 개입하기보다 침묵하거나 동조할 것이다. 즉, 그들은 합리적 태도로 말하기와 듣기를 행할 수는 있지만, 집단의 의견이 합리적으로 수렴될 수 있도록 노력하지 않는다는 점에서 사회적 소통의 비합리성에 일조할 수 있다. 사회적 동조가 루머의 확산에 기여한다는 연구결과(안지수·이원지, 2011)는 이러한 우려를 뒷받침한다.

정치적 관용과 토론속도주의는 사회적 논의과정에 대해 서로 반대되는 입장을 대변할 뿐 아니라, 소통의 질에서 대체로 반대 방향의 영향을 미치는 요인으로 나타났다. 정치적 관용은 소통의 질 4개 차원 모두에 긍정적 영향을 미쳤는 데 반해, 토론속도주의는 상호성, 합리성, 반대의견 듣기에 부정적인 영향을 미쳤다.

정치적 관용과 토론속도주의는 사회적 소통에 대해 사람들이 가지고 있는 기본적 가치관이나 태도로 볼 수 있다. 정치적 관용은 다른 의견에 대한 인정과 존중의 태도로서 사회적 소통의 중요한 부분인, 이견(異見)들 간의 합리적 경쟁과 수렴을 가능케 하는 기본적 조건이 된다. 관용이 없다면, 둘 사이의 대화는 사라지고 제로 섬 게임(zero-sum game)의 극단적인 대립만 나타날 것이다. 반면에 토론속도주의는 보다 직접적으로 사회적 논의의 가치를 부정하는 태도이다. 이러한 태도를 갖는 사람은 결정의 속도 및 효율성을 우선시함으로써 다양한 의견들을 어우르는 사회적 논의의 필요성을 인정하지 않는다.

본 연구결과는 정치적 관용을 증진시키고, 토론속도주의를 줄이는 캠페인과 교육의 필요성을 말해준다. 둘은 단지 사회적 소통에 대한 인식이나 가치일 뿐 아니라, 소통행위의 질에도 영향을 미칠 수 있기 때문이다.

정치적 관용의 태도를 가진 사람들은 바람직한 소통양식을 계발하는 데 비해, 토론속도주의 입장의 사람들은 이를 소홀히 하는 경향이 있다고 볼 수 있다. 시민들의 인식과 태도가 쉽게 변화하기 어렵겠지만, 지속적인 캠페인이나 홍보, 교육을 통해 남과 다른 의견을 가진 사람들과의 공존의 필요성, 그리고 충분한 사회적 논의가 갖는 중요성 등을 알릴 필요가 있다.

이러한 점에서 한국적인 '빨리 빨리' 문화는, 사회적 소통이나 숙의(deliberation)에 적대적인 담론 환경을 조성하는 것이 아닌지 우려스럽다. 신문의 사설이나 인터넷 공간, 동네의 사랑방에서 충분한 논의를 통한 사회적 문제의 해결보다 신속한 문제 해결을 촉구하는 주장을 쉽게 마주칠 수 있다. 또한 다른 의견을 가진 사람들을 폄훼하거나 사회적 논의의 무가치성을 언급하는 말들도 흔히 듣게 된다. 이러한 말들이 사회적 소통이나 숙의(deliberation)를 둘러싼 의미 투쟁에서 지배적 위치를 차지한다면, 이는 사회적 소통의 질적 저하로 이어질 수 있다.

CHAPTER

7장 사회적 소통의 범위: 시민들은 얼마나 많은 사람들과 소통하는가

7.
사회적 소통의 범위: 시민들은 얼마나 많은 사람들과 소통하는가?

시민들은 얼마나 많은 사람들과 소통하며, 소통상대의 특징은 어떠한가? 그동안 면대면 대화에 대한 연구가 거의 없었기 때문에, 소통의 상대방에 대한 연구도 드물었다. 최근 SNS에 관한 연구에서 소통상대방이 관심변인 중 하나로 다루어지기 시작하였지만, 아직까지 이에 대한 전국적인 조사결과가 발표된 바는 없다. 그러나 어떤 언론매체를 사회적 소통의 채널로 이용하는가라는 문제 못지않게, 누구와 소통하는가의 문제 또한 중요하며, 얼마나 다양한 매체를 접하는가뿐만 아니라, 얼마나 많은 사람들과, 또는 얼마나 다양한 사람들과 소통하는가 또한 중요할 것이다. 즉, 사회적 소통의 범위에 관심을 기울일 필요가 있다.

이 장에서는 사회집단별 소통상대방 수와 반대의견 상대방 수에 관한 조사결과를 제시할 것이다. 소통상대방 수는 시민들의 소통 네트워크의 크기를 보여주는 기초자료이며, 반대의견 상대방 수는 소통 단절이나 의견 양극화 문제, 정치적 관용 등과 관련된 주요 변인이라 할 수 있다. 사회 성원들이 다른 의견을 갖는 사람들에 대해 대화의 벽을 세우고 있다면, 소통을 통한 사회적 합의 창출을 기대할 수는 없을 것이다. 다음으로 온라인 소통매체의 도입으로 소통상대방 수와 반대의견 상대방 수가 달라지는지 탐색할 것이다. 다중회귀분석을 통해 온라인 소통시간이 소통상대방 수 및 반대의견 상대방 수에 어떤 영향을 미치는지 분석하고, 마지막으로 각 사회집단별로 소통상대방 수나 반대의견 상대방 수가 부족한 사람의 비율을 제시할 것이다.

1. 소통상대방 수

우리나라 시민들은 사회적 이슈에 관해 일주일에 평균 10.2명과 소통하는 것으로 나타났다. 이중 면대면으로 만나는 소통상대방 수는 5.6명이었고, 온라인 소통상대방 수는 4.6명이었다. 이는 시민들이 상당히 많은 대인적 소통채널을 가지고 있음을 보여준다. 아직까지는 면대면 소통상대방이 많지만, 온라인 소통 비이용자의 비율이 28.6%나 된다는 것을 고려하면, 향후 온라인에서 접촉하는 소통상대방의 수가 보다 많아질 것으로 전망된다. 온라인 이용자(n=702)만을 대상으로 하면, 면대면 소통상대방 수가 5.8명, 온라인 소통상대방 수가 6.4명으로 후자가 보다 많았다.

1) 사회집단별 소통상대방 수의 차이

사회집단별 소통상대방 수는 세대, 학력, 정치사회성향, 사회자본, 직업유형, 업무유형에 따라 차이가 있었다. 조사 대상 변인 중 성별, 소득, 가구원 수만이 집단 간 차이를 가져오는 변인이 아니었다. 그런데 이러한 차이는 대부분 온라인 소통 이용 정도에 의해 발생한다는 점에 주의를 기울일 필요가 있다. 즉, 인구사회학적 요인에 따라 온라인 소통 이용 정도가 달라지고, 이 때문에 소통상대방 수가 달라지는 것이다. 전통적 의미에서의 소통상대, 즉 면대면 대화의 소통상대만을 기준으로 하면, 성별, 사회자본(사회활동모임 수)과 직업에서만 유의미한 차이가 있었다. 이 중 성별의 경우, 온라인 소통상대방 수가 추가됨에 따라 집단별 차이가 유의한 수준 이하로 낮아졌다.

남성의 소통상대방 수(10.7명)는 여성(9.7명)보다 많았지만, 통계적으로 유의한 수준은 아니었다. 그러나 면대면 대화만을 기준으로 하면 소통상대방 수의 성별 차이(남성 6.2명, 여성 5.1명)는 유의미한 수준이었다. 온라인 소통은 면대면 대화와 달리 남녀 간의 소통상대방 수의 차이를 가져오지 않았다.

세대별로는 젊은 세대일수록 보다 더 많은 사람들과 소통을 하는 경향이 나타났다. 연령대의 경우 20대와 30대가 각각 평균 14.2명, 11.9명과 소통하는 데 비해 50대와 60대 이상은 각각 9.4명, 6.8명과 소통하였다. 40대와 50대 외에는 모든 세대 간 차이가 유의미한 수준이었다. 그런데 면대면 소통상대방을 기준으로 하면 이러한 패턴은 크게 달라진다. 면대면 소통상대방 수는 50대가 6.3명으로 가장 많고, 60대 이상(5.8명), 40대(5.8명), 30대(5.3명), 20대(4.9명) 순이었다. 유의미한 수준의 차이는 아니지만, 젊은 세대가 노년 세대에 비해 소통상대방 수가 적었다.

학력 집단의 경우도 이와 비슷한 패턴이었다. 온라인 소통 이용 수준이 높은 고학력집단의 소통상대방 수가 가장 많았지만, 면대면 대화를 기준으로 하면 거꾸로 중등 이하 집단의 소통상대방 수가 가장 많았다. 면대면 소통상대방 수는 중등 이하 6.4명, 고등학교 5.4명, 대학 재학 이상 5.7명이었는데, 소통상대방 수는 중등 이하 7.4명, 고등학교 8.9명, 대학 재학 이상 12.1명이었다. 소통상대방 수 차이만 유의미한 수준이었다. 정치사회성향에서도 소통상대방 수는 온라인 소통을 많이 하는 진보성향집단이 가장 많았고(12.3명), 면대면 대화상대방 수는 보수성향집단이 가장 많았다(6.0명). 그러나 후자의 차이는 유의미한 수준이 아니었다.

사회자본에 관해서는 사회활동모임 수가 많은 집단일수록 온라인 소통상대방 수뿐만 아니라, 면대면 대화상대방 수도 많은 패턴이 나타났다. 이는 사회활동모임이 면대면 대화의 기회뿐 아니라, 온라인 대화의 기회도 제공하기 때문에 나타난 결과로 보인다. 소통상대방 수를 기준으로 4개 이상 집단은 12.6명, 3개 집단 10.5명, 2개 집단 9.6명, 1개 이하 집단

8.2명과 소통하는 것으로 나타났다.

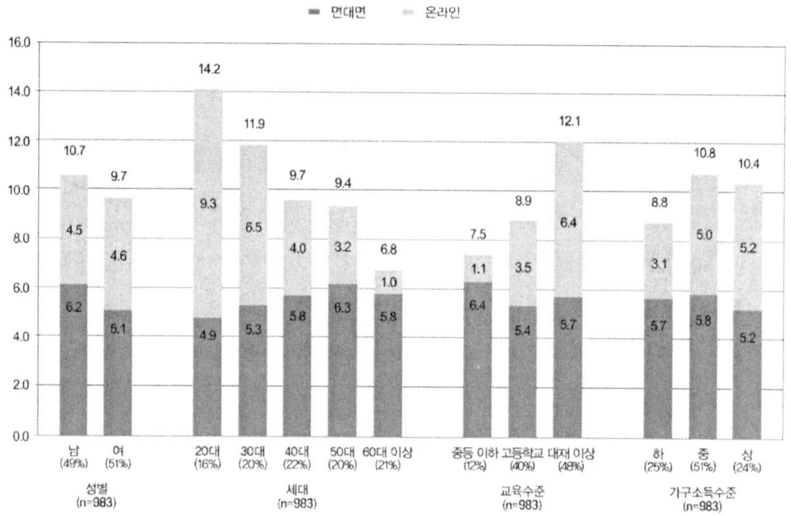

〈그림 7-1〉 **사회집단별 소통상대방 수** I(1주)

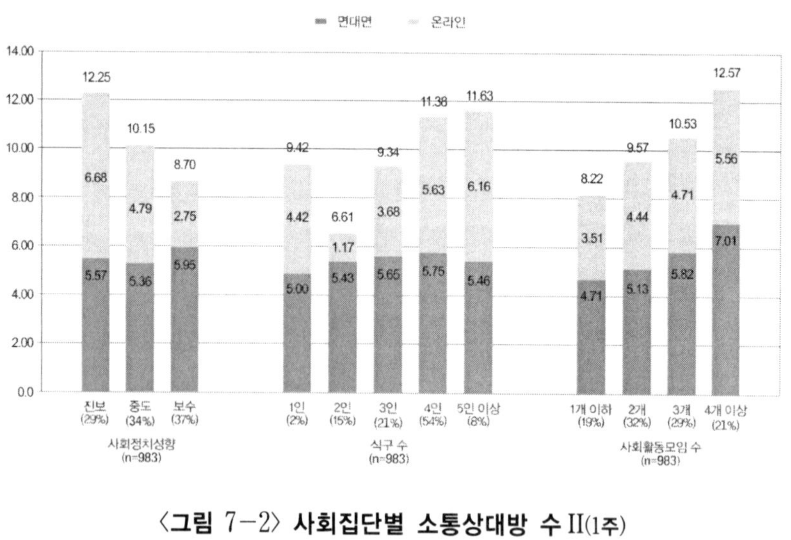

〈그림 7-2〉 **사회집단별 소통상대방 수** II(1주)

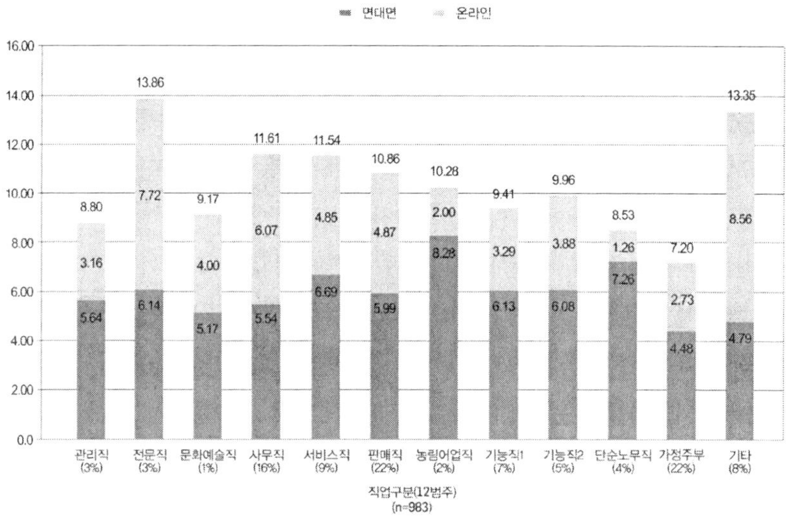

〈그림 7-3〉 직업별 소통상대방 수(1주)

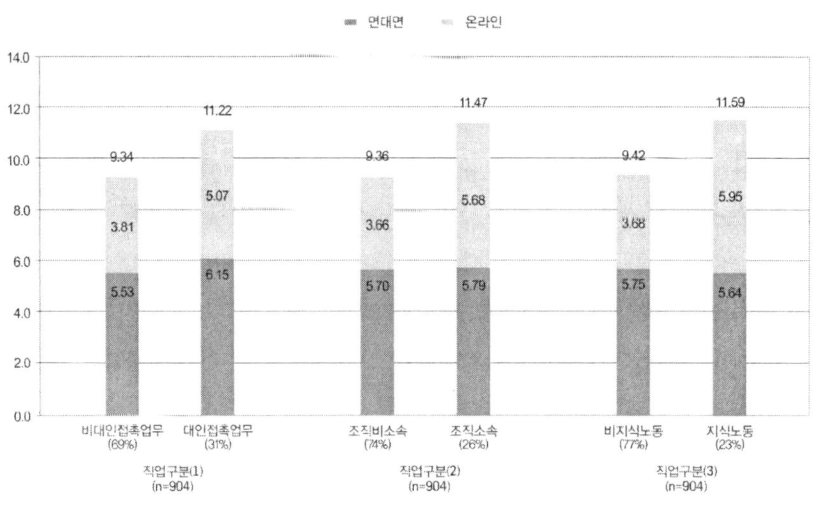

〈그림 7-4〉 직업유형별 소통상대방 수(1주)

직업집단에서도 소통상대방 수의 차이가 나타났다. 소통상대방 수가 많은 집단은 온라인 소통 이용수준이 높은 전문직(13.9명), 학생/무직자/기타(13.3명), 사무직(11.6명)과 대인접촉기회가 많은 서비스직(11.5명), 판매직(10.9명)이었고, 적은 집단은 가정주부(7.2명), 관리직(8.8명), 문화예술직(9.2명)이었다. 면대면 대화상대방 수는 이와 달리, 농림어업직(8.3명), 단순노무직(7.3명), 서비스직(6.7명)이 많았고, 가정주부(4.5명), 학생/무직자/기타(4.8명), 문화예술직(5.2명) 등이 적었다.

업무유형별로는 대인접촉업무집단(11.2명)이 비대인접촉업무집단(9.34명)보다, 조직소속집단(11.5명)이 조직비소속집단(9.4명)보다, 지식노동집단(11.6명)이 비지식노동집단(9.4명)보다 전체 소통상대방 수가 유의미하게 많았다. 이는 온라인 소통시간의 영향으로 보인다. 이러한 집단 간 차이는 면대면 소통상대방 수에서는 나타나지 않았다.

2) 온라인 소통이 소통상대방 수에 미치는 영향

앞서 온라인 소통 이용 정도가 높은 집단이 소통상대방 수가 늘어나는 패턴이 있음을 알 수 있었다. 구체적으로 온라인 소통의 영향을 확인하기 위해 인구사회학적 변인과 온라인/면대면 소통시간 변인이 포함된 다중회귀분석을 실시하였다.

분석결과, 소통상대방 수는 온라인 소통시간으로부터 가장 큰 영향을 받는 것으로 나타났다. 이밖에 사회활동모임 수나 가구원 수가 소통상대방 수에 유의미한 영향을 미치는 것으로 나타났다. 집단 간 차이에 대한 변량분석결과와 달리, 연령, 학력, 정치사회성향, 직업, 업무유형의 영향은 유의한 수준을 넘지 못했다. 변량분석결과들은 이들 변인이 온라인 소통시간과 밀접한 관련이 있기 때문에 나타난 것으로 볼 수 있다.

<표 7-1> 인구사회학적 요인과 소통시간이 소통상대방 수에 미치는 영향

(N=978)

독립변인	비표준화 계수		표준화 계수	t	유의확률
	B	표준오차	β		
(상수)	0.05	3.41		0.01	0.99
성별(1=여성)	-0.36	0.64	-0.02	-0.57	0.57
연령	0.03	0.03	0.04	0.95	0.34
학력(재학기간)	-0.01	0.15	0.00	-0.08	0.93
소득수준(100 만원)	-0.33	0.23	-0.05	-1.42	0.15
가족 수	0.87	0.37	0.08	2.35	0.02
사회활동모임 수	1.13	0.29	0.11	3.87	0.00
정치성향(보수성)	0.05	0.27	0.01	0.20	0.84
업무유형(대인접촉)	1.17	0.74	0.05	1.59	0.11
업무유형(조직소속)	1.56	1.16	0.06	1.35	0.18
업무유형(지식노동)	-0.55	1.14	-0.02	-0.48	0.63
면대면 대화시간	-0.01	0.01	-0.03	-1.14	0.25
온라인 소통시간	0.11	0.01	0.51	15.17	0.00
R^2=.26, F=28.77***					

*** p<.001

사회활동모임 수와 가구원 수의 영향은 사회활동모임과 가족이 사회적 소통이 이루어지는 맥락이 되고 있음을 보여준다. 정기적으로 참가하는 모임이 많은 사람일수록, 보다 많은 식구들과 생활하는 사람일수록 사회적 이슈에 대해 이야기를 나눌 상대가 많아지는 경향이 나타난 것이다. 또 다른 주요 소통맥락으로 논의되는 직장의 경우, 본 연구에서는 소통상대방 수에 대한 영향력이 확인되지 않았다.

그런데 면대면 소통시간 자체는, 다른 변인을 통제했을 때 소통상대방 수를 증가시키지 않았다. 오히려, 유의한 수준은 아니지만, 부적 영향을 주는 것으로 나타났다. 이는 면대면 대화의 경우, 같은 대화상대방과 오래 이야기하는 경향이 있기 때문에 나타난 결과로 보인다. 면대면 대화시간이 많은 사람이 다수 사람들과 조금씩 이야기하기보다 제한된 사람과 길게 이야기하는 경향이 있는 경우, 이러한 결과가 나올 수 있을 것이다.

이와 달리 온라인 소통시간은 소통상대방 수를 비교적 크게 증가시켰다. 온라인 소통을 1시간 더 많이 할수록 소통상대는 6.6명 많아지는 것으로 나타났다. 이러한 결과는 다음과 같이 설명될 수 있다.

첫째, 소통상대방 수에 대한 온라인 소통의 영향은 온라인 매체를 많이 이용할수록 일상의 생활 반경을 넘어서 '다양한' 대화상대방을 가지게 됨에 따라 나타난 것으로 볼 수 있다. 특히 인터넷 커뮤니티와 소셜 미디어의 경우, 기존의 대인 연결망을 넘어 낯선 사람들과 대화나 토론을 할 기회를 많이 제공한다. 이는 아래의 매체별 낯선 소통상대방 수에 대한 조사결과에서 보다 상세히 논의될 것이다.

둘째, 온라인 소통매체의 도입으로 가족, 친구, 직장동료 등 오프라인에서 알고 지내던 사람과의 소통이 보다 손쉬워졌다는 점도 소통상대방 수 증가에 기여한 것으로 보인다. 과거에는 이들과 시공간을 함께하지 않으면 소통하기 힘들었으나, 오늘날에는 카카오톡, 네이트온, 라인 등의 서비스로 이들과 시공간의 제약에서 벗어나 보다 자주 소통할 수 있게 되었다. 이러한 수단을 활용할 수 있는 사람은 그렇지 않은 사람보다 소통상대의 수가 많아질 가능성이 높은 것이다. 본 연구의 온라인 소통매체 중 소통상대방 수 증가에 가장 많이 기여한 매체는 매개된 대화(2.6명)이었다(소셜미디어 1.0명, 인터넷 커뮤니티 0.9명).

셋째, 인터넷 소통은 제한된 사람과 '깊은' 소통보다, 다수의 사람들과 '얇은' 소통을 한다는 점도 소통상대방 수의 증가에 영향을 미쳤을 것으로 보인다. 때로 온라인상에서 장시간에 걸쳐 격론을 벌이는 경우도 있지만, 온라인 소통은 짧고 간결한 형태로 진행되는 경우가 많다. 동일한 소통시간을 사용한다고 했을 때, 각각의 소통상황이 빠르고 짧게 진행되는 경우가 그렇지 않은 경우보다 많은 것이다. 온라인에서는 소통맥락 간의 이동이 쉽다는 점도 다수의 소통상대와 만날 수 있는 기회를 증가시키는 요인이 될 수 있다.

소통범위의 확장성과 관련하여 연구팀은 전체 소통상대방 중 낯선 사람의 비율을 조사하였다. 이 둘을 곱하여 '낯선 소통상대방 수'라는 변인을 만들었다. 본 연구에서 '낯선 사람'이란 직접 만나본 적이 없는 사람으로 정의되었다. 조사결과, 우리 사회성원들은 하루 평균 0.67명의 낯선 사람과 소통하는 것으로 나타났다. 매체별로 보면, 인터넷 커뮤니티가 0.26명으로 가장 많았고, 소셜 미디어(0.20명), 면대면 대화(0.16명), 매개된 대화(0.06명) 순이었다. 매체 이용 경험이 있는 사람만 한정하면, 인터넷 커뮤니티(0.98명), 소셜 미디어(0.65명), 면대면 대화(0.17명), 매개된 대화(0.09명) 순이었다. 이러한 결과로 볼 때 온라인 소통매체 중 인터넷 커뮤니티와 소셜 미디어가 소통범위의 확장성이 크다는 것을 알 수 있다.

<표 7-2> 소통매체별 낯선 소통상대방 수 (N=983)

	면대면 대화	인터넷 커뮤니티	소셜 미디어	매개된 대화	합계
평균	0.16	0.26	0.20	0.06	0.68
표준편차	0.59	2.77	2.02	0.43	3.80

2. 반대의견 상대방 수

시민들이 대화나 토론 중 만나는 반대의견을 가진 사람은 약 1.7명(1주 기준)인 것으로 나타났다. 비율로는 전체 소통상대방의 약 16.7%가 반대의견을 가진 사람이었다. 다른 의견을 가진 사람과의 대화가 갖는 중요성에 비추어 볼 때, 이는 비교적 낮은 편이라고 할 수 있다. 시민들의 소통은 대부분 유사하거나 중립적인 의견을 가진 상대와 이루어지고 있었다. 이는 대부분의 소통상대가 가족, 친구, 직장동료 등 개인과 동질적인 성격을 갖는 사람이라는 점과도 관련된 결과이다.

1) 집단별 반대의견 상대방 수 차이

사회집단별 반대의견 상대방 수의 차이는 성별, 세대, 학력, 가구원 수, 직업, 직업유형(조직소속여부, 지식노동여부)에서 나타났다. 소통상대방 수와 달리 성별, 가구원 수가 새롭게 유의미한 변인이 되었고, 사회자본과 직업유형-대인접촉여부가 유의한 수준을 넘지 못했다. 그러나 이는 통계적 유의성에서 다소간의 차이이며, 그래프 패턴을 보면 알 수 있듯이 전반적인 패턴에서 두 지표는 대체로 서로 유사한 점이 있었다. 반대의견 상대방 수는 전체 소통상대방 수와 비교적 높은 상관관계를 보였다.

남성(1.9명)이 여성(1.5명)보다, 20대(2.3명)가 40대(1.6명), 50대(1.6명), 60대 이상(1.3명)보다, 대재 이상(1.9명)이 중등 이하(1.2명)보다 반대의견 상대방과 더 많이 소통하였다. 정치성향집단의 경우 전체 소통상대방 수와 유사한 패턴이 관찰되었지만(진보>보수), 집단별 차이가 유의한 수준에 이르지 못했다.

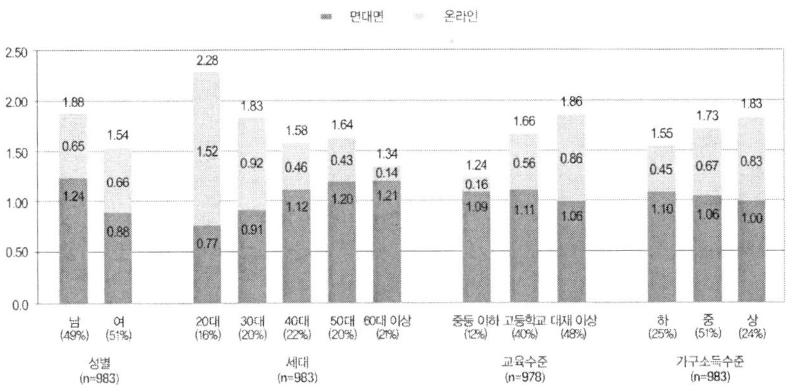

〈그림 7-5〉 **사회집단별 반대의견 상대방 수** I(1주)

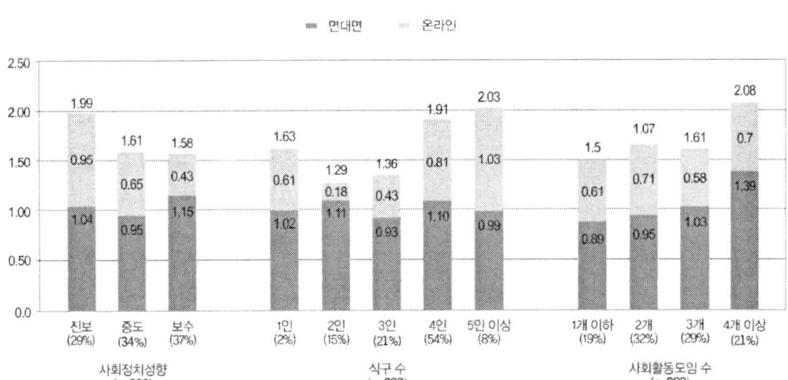

〈그림 7-6〉 **사회집단별 반대의견 상대방 수** II(1주)

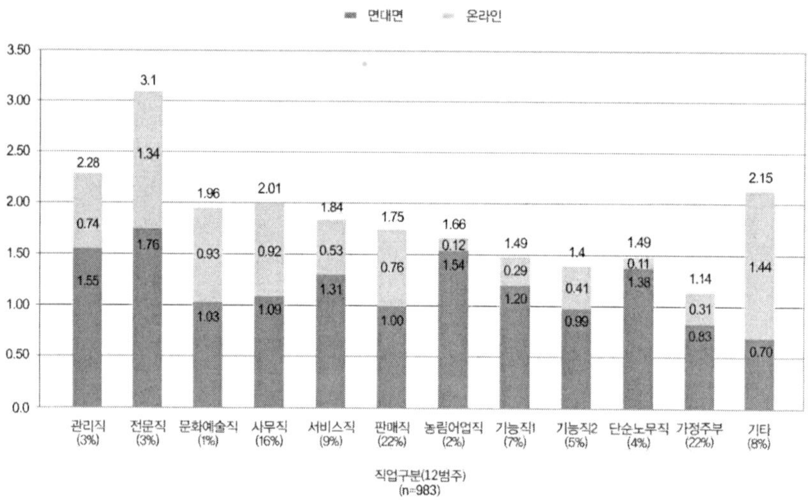

〈그림 7-7〉 **직업별 반대의견 상대방 수**(1주)

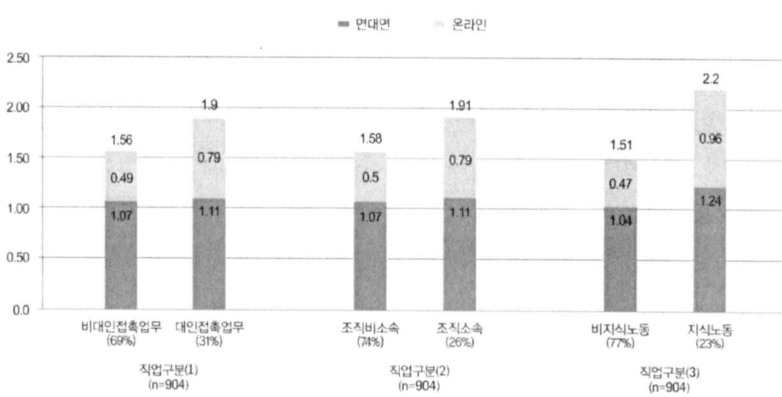

〈그림 7-8〉 **직업유형별 반대의견 상대방 수**(1주)

직업집단에서도 전문직(3.1명), 관리직(2.3명), 학생/무직자/기타(2.2명), 사무직(2.0명) 등이 높았고, 가정주부(1.1명), 기능직2(1.4명), 기능직1(1.5명), 단순노무직(1.5명)이 낮았다. 대화상대방 수가 적었던 관리직이 반대의견 상대방 수가 타 직종에 비해 많은 것이 이질적인 양상이었다. 직업유형별로는 조직소속집단, 지식노동집단이 그렇지 않은 직업을 가진 집단에 비해 높았고, 대인접촉업무 여부에 따른 집단 차이는 유의미한 수준에 이르지 못했다.

온라인 소통 이용 정도에 따라 반대의견 상대방 수가 좌우되는 경우가 많았다. 세대, 학력, 직업유형별 집단 간 차이는 온라인 채널에서 만나는 반대의견 상대에 의해 형성되었다. 성별과 사회자본, 직업(12유형)의 경우에만 면대면 채널의 반대의견 상대방 수에 영향을 미쳤던 것으로 보인다. 면대면 채널에만 한정한 반대의견 상대방 수의 집단간 차이는 성별, 세대, 사회자본, 직업에서만 나타났다. 이중 세대별의 경우, 전체 반대의견 상대방 수와는 정반대로 50대, 60대 이상(모두 1.2명)이 20대(0.8명), 30대(0.9명)보다 상대방 수가 많았다.

2) 온라인 소통이 반대의견 상대방 수에 미치는 영향

온라인 소통이 반대의견 상대방 수에 미치는 영향을 확인하기 위해 인구사회학적 변인과 온라인/면대면 소통시간 변인이 포함된 다중회귀분석을 실시하였다. 분석결과, 반대의견 상대방 수는 온라인 소통시간에 가장 큰 영향을 받는 것으로 나타났다. 온라인 소통시간이 일일 평균 1시간(60분) 많아질수록 반대의견 상대방 수는 1.2명 증가하였다. 이밖에 지식노동여부와 성별도 반대의견 상대방 수에 유의미한 영향을 미쳤다. 남성이 여성보다, 지식노동의 직업을 가진 사람이 그렇지 않은 사람보다 반대의견 상대를 좀 더 자주 만나는 경향이 있었다. 이는 소통환경의 영향이라기보다 남성이나 지식노동자/전문가가 반대의견에 좀 더 도전적

이거나 개방적인 태도를 가지고 있기 때문에 나타난 결과로 보인다.

집단 간 차이에 대한 변량분석결과와 달리, 연령, 학력, 가구원 수, 직업유형(조직소속)의 영향은 유의한 수준에 못 미쳤다. 앞선 분석에서 이들 변인의 영향은 온라인 소통시간의 매개효과 때문에 발생한 것으로 보인다. 소통상대방 수와 달리, 가구원 수와 사회자본의 영향은 드러나지 않았다. 이는 일상의 맥락에서 다른 사람과 사회적 이슈에 대해 소통할 기회가 많다는 것이 곧 반대의견 상대의 증가를 보장하지 않음을 의미한다.

<표 7-3> **인구사회학적 요인과 소통시간이 반대의견 상대방 수에 미치는 영향**

(N=978)

독립변인	비표준화 계수		표준화 계수	t	유의확률
	B	표준오차	β		
(상수)	1.08	0.79		1.37	0.17
성별(1=여성)	-0.47	0.14	-0.11	-3.22	0.00
연령	0.01	0.01	0.04	0.94	0.35
학력(재학기간)	-0.07	0.03	-0.09	-1.95	0.05
소득수준(100 만원)	0.00	0.05	0.00	-0.01	0.99
가족 수	0.12	0.08	0.05	1.46	0.15
사회활동모임 수	0.05	0.06	0.03	0.85	0.40
정치성향(보수성)	-0.01	0.06	0.00	-0.11	0.92
업무유형(대인접촉)	0.18	0.16	0.04	1.10	0.27
업무유형(조직소속)	-0.42	0.25	-0.09	-1.69	0.09
업무유형(지식노동)	0.85	0.24	0.17	3.51	0.00
면대면 대화시간	0.00	0.00	0.04	1.28	0.20
온라인 소통시간	0.02	0.00	0.36	9.86	0.00
R^2=.16, F=14.00***					

*** $p<.001$

3) 매체별 반대의견 상대방 수

반대의견 상대방 수에 대한 온라인 소통의 영향을 살펴보기 위해 매체별 반대의견 상대방 수를 조사하였다. 매체별로는 면대면 대화를 통해 만나는 반대의견 상대방이 가장 많고(1.05명), 매개된 대화(0.33명), 인터넷 커뮤니티(0.17명), 소셜 미디어(0.15명) 순으로 나타났다. 이는 온라인 소통 비이용자의 수치가 반영된 것이다. 비이용자를 제외하면, 인터넷 커뮤니티(1.84명), 소셜미디어(1.59명), 면대면 대화(1.46명), 매개된 대화(1.13명) 순으로 온라인과 면대면의 수치가 역전되어 나타난다.

이는 향후 인터넷 커뮤니티나 소셜 미디어 이용이 보다 일반화되면, 시민들의 평균 반대의견 상대방 수가 증가할 것으로 예측하게 한다. 한편, 온라인 소통 중 카카오톡 등의 매개된 대화는 면대면 대화보다도 반대의견 상대방을 덜 만나는 채널로 나타났다. 이는 반대의견 듣기나 네트워크 이질성 등의 연구에서는 매개된 대화를 다른 온라인 소통채널과 구분하여 다룰 필요가 있음을 암시한다.

그런데 온라인 채널에서 반대의견 상대를 자주 만나게 되는 것은 전체적으로 이 채널에서 만나는 소통상대방이 많기 때문이지, 온라인 소통상황이 면대면 상황보다 더 반대의견에 대한 노출에 유리한 조건이 아님에 주의할 필요가 있다. 예를 들어, 인터넷 커뮤니티에서 만나는 전체 소통상대방에서 차지하는 반대의견 상대방의 비율은 18.4%로 면대면 대화(18.6%)보다 오히려 적었다. 소셜 미디어와 매개된 대화의 반대의견 상대방의 비율은 각각 15.0%, 12.5%에 불과했다.

4) 매체별 반대의견 비율

반대의견 상대방 수 조사에서는 뉴스매체를 통해서 반대의견을 접할 기회에 대해서는 조사하지 않았다. 이는 뉴스매체의 경우 소통상대방을 특정하기 어렵다는 점을 감안한 것이다. 하지만 소통상대방이 특정되지 않은 환경에서도 반대의견을 접할 수가 있을 것이다. 이러한 경우에 있어서는 비록 상대방과 직접적인 의견 교환이나 경합, 논쟁 등을 행할 수는 없지만, 반대편의 시각이나 정보에 대한 이해의 폭을 넓힐 수는 있을 것이다.

연구팀은 뉴스매체까지 포함하여 각 매체를 통해 소통할 때 접하게 되는 의견 중 반대의견의 비율을 조사하였다. 조사결과, 해당 매체를 이용한 응답자를 기준으로 뉴스매체가 21.7%로 가장 반대의견 비율이 높은 것으로 나타났다. 다음은 면대면 대화(18.9%), 인터넷 커뮤니티(16.8%), 소셜 미디어(11.9%)와 매개된 대화(10.1 %) 순이었다. 응답자들은 대체로 뉴스매체와 면대면 대화와 같은 전통적인 매체를 통한 소통에서 온라인 매체를 통한 소통보다 반대의견을 접촉할 기회가 더 높았다고 평가한 것이다. 이것을 앞선 결과와 종합해 보면, 반대의견과의 접촉 기회는 전통적 매체가 오히려 높지만, 그러한 의견을 가진 상대방과 소통할 가능성은 보다 많은 사람과의 소통기회를 제공하는 온라인 매체에서 더 높아진다고 말할 수 있다.

<표 7-4> **매체별 사회적 이슈에 관한 지각된 의견 중 반대의견 비율**

(N=983)

	뉴스매체	면대면 대화	인터넷 커뮤니티	소셜 미디어	매개된 대화
평균	21.7	18.9	16.8	11.9	10.1
표준편차	17.6	15.7	16.6	16.0	12.7
N	970	913	264	295	632

3. 사회집단별 사회적 소통범위 진단

소통상대방 수 및 반대의견 상대방 수 평균점수와 부족한 사람의 집단 내 비율을 중심으로 사회집단별 사회적 소통범위를 진단한 결과는 <표 7-5>와 같다.[1] 소통상대방 수와 반대의견 상대방 수가 부족한 사람은 모두 상대방이 1명도 없는 경우로 하였다.

소통상대방 수가 부족한 집단은 온라인 비이용자(5.3명), 60대 이상(6.8명), 중등 이하 학력집단(7.5명), 사회활동모임 1개 이하(8.2명), 보수성향 집단(8.7명) 등으로 나타났다. 사회자본집단 외에는 모두 온라인 이용이 상대적으로 부족한 집단이었다. 온라인 이용 격차가 사회적 소통과정에의 참여 격차를 가져왔음을 보여주는 결과이다. 부족한 사람의 비율이 높은 집단은 사회활동모임 1개 이하 집단(13.5%)과 온라인 비이용자집단(12.1%)이었다.

반대의견 상대방 수가 부족한 집단으로는 온라인 비이용자 집단(1.10명), 중등 이하집단(1.24명), 60대 이상(1.34명), 여성(1.54명)으로 나타났다. 부족한 사람이 많은 집단은 사회활동모임 1개 이하 집단(34.1%), 온라인 비이용자집단(31.7%), 중등 이하 학력집단(31.1%), 여성(27.4%)이었다.

---

1) 평균점수의 경우 변량분석에서 집단 간 차이가 통계적으로 유의적이고($p<.05$ 기준), 던컨의 다중비교검정방법에서 다른 집단에 비해 유의한 차이를 보이는 하위집합(sub set)이 있는 경우, 가장 낮은 하위집합에 속한 집단으로 판별하였다. 부족한 사람의 기준은 상대방 수가 0명인 경우로 하였고, 이러한 사람이 해당집단에서 차지하는 비율을 대상으로 평균점수와 마찬가지 방식으로 변량분석과 던컨 다중비교검정을 사용하여 부족한 집단을 판별하였다.

<표 7-5> 사회집단별 소통상대방 수 및 반대의견 상대방 수 평균과 부족한 사람 비율

집단구분		n	소통상대방 수		반대의견 상대방 수	
			평균(명)	부족집단 비율(%)	평균(명)	부족집단 비율(%)
성별	남성	483	10.7	6.0	1.88	20.9
	여성	500	9.7	5.8	1.54*	27.4*
세대	20대	162	14.2	7.4	2.28	27.2
	30대	198	11.9	7.6	1.83	25.8
	40대	218	9.7	6.4	1.58	25.7
	50대	196	9.4	4.1	1.64	19.9
	60대 이상	209	6.8*	4.3	1.34*	23.0
교육수준	중등 이하	122	7.5*	8.2	1.24*	31.1
	고등학교	391	8.9	4.9	1.66	21.7
	대학 재학 이상	465	12.1	6.2	1.86	24.7
가구소득 수준	소득하위	248	8.8	8.5	1.55	26.6
	소득중위	498	10.8	4.4	1.73	22.7
	소득상위	237	10.4	6.3	1.83	24.9
정치적 성향	진보성향	284	12.3	5.3	1.99	23.6
	중도성향	333	10.2	5.7	1.61	23.4
	보수성향	366	8.7*	6.6	1.58	25.4
사회활동 모임	1개 이하	185	8.2*	13.5*	1.50	34.1*
	2개	310	9.6	6.1	1.67	24.8
	3개	284	10.5	2.8	1.61	22.5
	4개 이상	204	12.8	2.9	2.08	16.7
온라인 이용수준	이용 안 함	281	5.3*	12.1*	1.10*	31.7*
	저이용	430	9.6	4.0	1.45	24.7
	고이용	272	16.2	2.6	2.75	15.8
전체		983	10.2	5.9	1.71	24.2

CHAPTER

8장 소통주제: 시민들은 무엇에 관해 소통하는가?

8. 소통주제: 시민들은 무엇에 관해 소통하는가?

본 연구는 '사회적 이슈'에 관한 소통을 중점적으로 조사하였다. 그런데 사람들은 사회적 이슈 외에도 대중문화, 일, 취미, 가족문제 등 다양한 주제에 대해서도 대화나 토론, 이야기를 나눈다. 사람들이 가장 즐겨 이야기하는 대화주제는 무엇일까? 사회적 이슈라는 주제는 다른 소통주제들에 비해 얼마나 인기가 있을까? 대화주제와 관련하여 사회집단 간에는 어떠한 차이가 있을까?

이를 알아보기 위해 연구팀은 대화주제를 24가지 유형(기타 포함)으로 나누고, 다른 사람들과 가장 많이 이야기를 나누는 주제나 화제 5가지를 응답자가 선택하도록 하였다.

조사결과, 가장 인기 있는 소통주제는 '돈/재정'으로 나타났다. '돈/재정'은 전체 응답자의 55.5%가 선택하여 가장 많이 이야기되는 주제였다. 다음으로 '건강/미용/다이어트'이 48.3%, '일/직업/직장'이 44%, '스포츠/레저 활동'이 38.1%, '쇼핑 및 물건'이 35% 순으로 나타났다.

본 연구가 관심을 갖는 주제인 '사회적 이슈'는 26%의 응답자가 선택하여 전체에서 열 번째로 많이 선택하는 주제였다. 이밖에 공공적 성격을 갖는 소통주제들은 지역공동체 이슈 17위, 자선/봉사단체 참여 22위, 정당/시민단체 참여 23위 등으로 비교적 낮은 순위에 속하였다.

<표 8-1> **가장 인기 있는 소통주제**(5개 **복수응답**)

순위	주제 유형	빈도 수(회)	비율(%)
1	돈/재정	546	55.5
2	건강/미용/다이어트	475	48.3
3	일/직업/직장	433	44.0
4	스포츠/레저 활동	375	38.1
5	쇼핑/물건	344	35.0
6	모임	314	31.9
7	육아/자녀교육	291	29.6
8	대중문화	274	27.9
9	가족행사	273	27.8
10	사회적 이슈	255	25.9
11	가사	237	24.1
12	연애/가족관계	208	21.2
13	인생/자아	157	16.0
14	취미활동	141	14.3
15	종교/정신수련	120	12.2
16	게임/오락	114	11.6
17	지역 공동체 이슈	71	7.2
18	문화	68	6.9
19	실용 지식과 그것의 학습	54	5.5
20	문화활동	51	5.2
21	학문/상식 및 그것의 학습	43	4.4
23	정당/시민단체 참여	32	3.3
22	자선/봉사단체 참여	27	2.7
24	기타	6	0.6
	합계	4,909[1]	

1) 전체 983명의 응답자 중 6명은 5가지가 아니라, 4가지 소통주제만을 주요 소통주제로 선택하였다. 이에 따라 소통주제의 총 선택횟수는 4,915번이 아니라 4,909번이

1. 사회집단별 소통주제의 차이

1) 성별

남성이 주로 이야기하는 소통주제로는 '일/직업/직장'(59.2%)이 가장 많았고, 다음으로 '돈/재정', '스포츠/레저 활동', '사회적 이슈', '건강/미용/다이어트' 순이었다. 반면 여성의 가장 인기 있는 소통주제는 '건강/미용/다이어트'(59.2%)이었으며, 이밖에 '돈/재정', '쇼핑/물건', '가사', '육아/자녀교육' 등이 인기 있는 주제인 것으로 나타났다.

<표 8-2> **성별 간 소통주제 비교**

순위	구 분			
	남 성		여 성	
	주제	비율(%)	주제	비율(%)
1	일/직업/직장	59.2	건강/미용/다이어트	59.2
2	돈/재정	58.6	돈/재정	52.6
3	스포츠/레저 활동	55.9	쇼핑/물건	47.8
4	정치·사회적 이슈	37.3	가사	40.4
5	건강/미용/다이어트	37.1	육아/자녀교육	35.6
6	모임	34.4	가족행사	30.6
7	대중문화	26.1	모임	29.6
8	가족행사	24.8	대중문화	29.6
9	육아/자녀교육	23.4	일/직업/직장	29.4
10	쇼핑/물건	21.7	연애 및 가족관계	22.2

되었다.

전통적인 성 역할 구분에 따라 주로 이야기하는 소통주제가 달라짐을 알 수 있다. 남성은 여성에 비해 '일/직업/직장', '사회적 이슈', '정당·사회단체 참여' 등과 같은 공적인 주제를 주된 소통주제로 많이 선택한 반면, 여성은 가정, 육아, 미용 관련 주제를 많이 선택하였다. 문화와 여가생활 관련 주제에서도 남성은 '스포츠/레저 활동', '게임오락'을 많이 선택한 반면, 여성은 '문화(감상)'와 '취미활동', '종교/명상'을 많이 선택하여 차이를 보였다.

<표 8-3> **남녀 간 선택비율이 차이가 나는 소통주제**

남성이 많이 선택한 소통주제	여성이 많이 선택한 소통주제
스포츠/레저 활동, 게임오락, 학문/상식 학습, 일/직업/직장, 사회적 이슈, 정당/사회단체 참여	문화, 취미활동, 종교명상, 가사, 쇼핑/물건, 건강/미용/다이어트, 육아/자녀교육, 가족행사

본 연구의 관심 영역인 정치사회적 이슈의 경우 남성응답자의 37.3%가 주된 소통주제로 선택한 반면, 여성은 15.0%밖에 선택하지 않아, 2배 이상의 차이를 보였다. 이는 남성이 여성보다 정치사회적 이슈에 관심이 높음을 반영한 것일 수도 있고, 여성의 대화주제가 남성보다 다양하기 때문일 수도 있다. 간과하지 말아야 할 것은 면대면 대화나 온라인 소통을 통한 사회적 소통시간에서는 남녀 간 차이가 없었다는 점이다(3장 참조). 이는 여성들이 남성에 비해 사회적 이슈에는 관심이 적어도, 남성과 대등한 수준으로 다른 사람과 이야기하고 있음을 말해준다. 소통주제로의 인기

순위가 남성보다 뒤쳐지는데도 불구하고 많은 소통시간을 할애하고 있다는 것은, 여성의 전체 대화시간이 많거나 여성들이 참여한 대화에서 소통주제 간 전환과 혼융이 보다 쉽게 일어나기 때문이라고 볼 수 있다.

2) 세대

세대 간 소통주제는 그 차이가 매우 뚜렷한 것으로 나타났다. 분석대상 23개 주제(기타 제외) 중 '스포츠·레저 활동', '문화활동(창작/공연/연습)', '취미활동', '사회적 이슈'를 제외한 19개 소통주제에 대해 선택한 사람의 비율이 집단 간에 서로 달랐다. 특히, 20대와 60대가 타 세대에 비해 선택비율이 다른 소통주제가 많았다.

<표 8-4> 상대적으로 인기 있는 세대별 소통주제

20대	30대	40대	50대	60대
대중문화 문화(감상) 게임/오락	문화(감상)			
쇼핑/물건 연애/가족 실용학습 학문학습 인생/자아	육아 / 자녀교육	육아/자녀교육	가족행사	건강/미용/다이어트 가족행사 사교모임 지역이슈

* 적어도 3개 이상의 다른 집단보다 유의미하게 선택비율이 높은 주제만을 표시함.

20대는 대중문화와 문화(감상), 게임오락을 많이 이야기하였다. 특히 대중문화(작품과 스타, 작가)는 전체의 55.6%가 선택하여 20대에게 가장 인기 있는 소통주제로 나타났다. 20대는 또한 '쇼핑/물건'과 학습(실용, 학문), '인생/자아'나 연애/가족문제도 타인과 많이 이야기하였다. 공부와 인생, 정체성, 연애에 관해 많이 이야기하는 것은 생애주기적 특성을 반영한 것으로 보이며, '쇼핑/물건'에 관한 높은 선택비율은 20대가 주된 잠재적 소비주체임을 보여준다.

<표 8-5> 세대 간 소통주제 비교

순위	20대		30대		40대		50대		60대	
	주제	비율(%)	주제	비율(%)	주제	비율(%)	주제	비율(%)	주제	비율(%)
1	대중문화	55.6	돈/재정	56.6	돈/재정	64.7	돈/재정	61.7	건강/미용/다이어트	65.1
2	쇼핑/물건	50.6	일/직업/직장	52.5	일/직업/직장	50.0	건강/미용/다이어트	52.0	돈/재정	58.4
3	연애/가족관계	46.9	육아/자녀교육	47.0	육아/자녀교육	48.2	일/직업/직장	43.9	모임	46.4
4	일/직업/직장	38.3	쇼핑/물건	39.9	건강/미용/다이어트	45.4	스포츠/레저 활동	41.8	가족행사	42.6
5	스포츠/레저 활동	38.3	건강/미용/다이어트	39.9	스포츠/레저 활동	39.0	가족행사	40.3	일/직업/직장	34.4
6	건강/미용/다이어트	36.4	스포츠/레저 활동	38.4	쇼핑/물건	31.7	모임	36.2	가사	34.0
7	인생/자아	34.0	대중문화	31.3	대중문화	26.6	사회적 이슈	33.2	스포츠/레저 활동	33.5
8	게임/오락	32.7	모임	22.7	가사	26.6	가사	30.6	쇼핑/물건	28.7
9	돈/재정	30.9	가사	22.7	가족행사	25.2	쇼핑/물건	27.6	사회적 이슈	27.3
10	모임	29.0	사회적 이슈	22.2	모임	24.8	육아/자녀교육	25.5	지역 공동체 이슈	19.1

60대는 '건강/미용/다이어트'와 '가족행사', '모임', '지역 공동체이슈'를 타 세대에 비해 소통주제로 많이 선택했다. '건강/미용/다이어트'는 생애주기적 특성상 질병이나 건강 유지에 대한 관심이 많기 때문에 많이 선택된 것으로 보인다. 가족, 모임, 지역 공동체에 대한 상대적으로 높은 관심은, 타인과의 관계나 공동생활을 중심으로 삶을 영위하는 집단주의적 생활방식을 60대 이상이 많이 갖고 있음을 보여준다.

각 소통주제별로 세대 간 선택비율의 변화를 살펴보면, 세대 간 문화적 차이나 생애주기가 일상의 소통에 미치는 영향에 대해 보다 쉽게 알 수 있다.

문화와 여가생활

먼저 문화와 여가생활 관련 주제를 보면, 대중문화는 젊은 세대일수록 인기 있는 소통주제로 많이 선택되는 경향을 볼 수 있다. 대중문화 선택비율은 20대가 55.6%로 가장 높고, 30대 31.3%, 40대 26.6%, 50대 18.9%, 60대 12.9%로 연령대가 높아질수록 낮아졌다. 대중문화와 별도로 문화(작품, 창작자, 예술인)에 대한 항목도 조사대상에 포함시켰는데, 선택 응답자 수는 적지만 비슷한 패턴이 나타났다. 20대가 13.0%로 가장 높고, 30대 11.1%, 40대 7.3%, 50대 4.1%, 60대 0.5%로 젊은 세대일수록 선택비율이 높았다. 이는 젊은 세대가 문화 소비에 관심이 많음을 의미한다. 그러나 문화의 '소비'가 아니라, 작품 창작, 연주, 공연, 연습 등 능동적인 문화향유 활동을 인기 소통주제로 삼고 있는 사람의 비율은 세대 간 차이가 크지 않았다. 이런 현상은 적극적인 여가활동 주제로 볼 수 있는 '스포츠·레저 활동', '취미활동(가꾸기, 기르기, 만들기 등)'에서도 마찬가지였다.

<표 8-6> **세대별 문화와 여가활동 주제 선택비율** (단위: %)

	20대	30대	40대	50대	60대
대중문화	55.6	31.3	26.6	18.9	12.9
문화(감상)	13.0	11.1	7.3	4.1	0.5
스포츠/레저활동	38.3	38.4	39.0	41.8	33.5
게임/오락	32.7	14.6	5.5	4.6	5.3
문화활동	6.8	5.1	5.5	4.1	4.8
취미활동	16.0	15.7	14.7	12.8	12.9

일상 및 사적생활

일상 및 사적 생활영역 주제의 선택비율에서도 흥미로운 세대별 패턴이 나타났다. 요리, 청소, 세탁 등 가사활동과 가족행사를 5대 소통주제 중 하나로 선택한 사람의 비율은 연령대가 높아질수록 함께 높아졌다. 두 주제 모두 60대의 선택비율이 가장 높았고(가사 34%, 가족행사 42.6%), 아직 가정을 갖지 못한 사람이 많은 20대가 가장 낮았다(가사 1.9%, 가족행사 5.6%). 반면 가정생활 영역의 일부로도 볼 수 있는 쇼핑/물건은 20대가 가장 높고(50.6%), 30대가 그 다음이었다(39.9%). 이는 젊은 세대가 상대적으로 노년 세대에 비해 소비에 관심이 많고, 이에 대해 많은 정보와 의견을 주고받고 있음을 보여준다.

연인, 부부, 가족 등 친밀한 관계에 관한 주제를 선택한 사람의 비율은 20대가 46.9%로 가장 높고, 30대 19.7%, 40대 17.0% 순이었다. 이 순서로 미루어 보면, 가족관계를 함께 묶었지만, '연애'가 세대 간 선택비율 차이를 가져온 결정요인일 가능성이 크다. 건강/미용/다이어트의 경우에도 젊은 세대도 관심이 높은 다이어트와 미용을 함께 묶었지만, '건강'이 세대별 차이를 가져온 것으로 보인다. 연령대가 높일수록 이 주제의 선택비율이 높아졌다. 육아/자녀교육은 어린 자녀를 둔 30대, 40대에서 가장 선택비율이 높고, 50대부터 점차 비율이 감소하는 패턴이 나타났다. '돈과 재정'은 20대를 제외한 모든 세대에서 가장 인기 있는 소통주제 중 하나로 선택되었다.

<표 8-7> **세대별 일상 및 사적생활 관련 주제 선택비율** (단위: %)

	20대	30대	40대	50대	60대
가사	1.9	22.7	26.6	30.6	34.0
가족행사	5.6	20.7	25.2	40.3	42.6
쇼핑/물건	50.6	39.9	31.7	27.6	28.7
돈/재정	30.9	56.6	64.7	61.7	58.4
건강/미용/다이어트	36.4	39.9	45.4	52.0	65.1
연애/가족관계	46.9	19.7	17.0	14.3	13.4
육아/자녀교육	3.7	47.0	48.2	25.5	17.7

사회활동 및 공적 이슈

본 연구의 관심사인 사회적 이슈의 경우, 노년 세대가 20, 30대 젊은 세대에 비해 즐겨 이야기하는 소통주제로 선택하는 비율이 다소 높았지만, 집단별 차이가 유의미한 수준이 아니었다. 50대가 33.2%로 가장 높고, 60대 27.3%, 40대 24.8% 순이었다. 그러나 공적 이슈 중 하나로 볼 수 있는 지역 공동체 이슈의 경우 60대가 19.1%로 압도적으로 높고 연령대가 낮아질수록 선택비율이 낮아져, 20대와 30대는 각각 0%, 3%에 지나지 않았다. 이는 세대가 낮아질수록 자신이 거주하는 지역에 대한 관심과 애착심이 사라지고 있음을 보여준다.

노년 세대는 정당/시민단체 참여나 자선/봉사단체 참여에 대해 젊은 세대보다 많이 이야기하는 것으로 나타났다. 비록 선택비율은 높지 않지만, 노년 세대가 공적 시민활동에 적극적으로 참여하는 경우가 많은 것이다. 이러한 활동은 정당의 지역조직이나 지역에 뿌리박은 관변단체 및 종교단체를 매개로 이루어지는 것으로 추정된다.

노년 세대는 또한 각종 사회활동모임에 관련된 화제를 주된 소통주제로 많이 선택하였다. 60대와 50대가 각각 46.4%와 36.2%를 선택한 반면, 30대와 20대는 각각 22.7%와 29.0%에 지나지 않았다. 이는 사회자본의 하나인 사회활동모임 참여에 대한 관심이 젊은 세대에서 상대적으로 약화되는 것으로 해석될 수 있다. 개인이 실제 참여하는 사회활동모임 수는 젊은 세대에서 특별히 줄어들지 않았지만,[2] 그러한 모임에 대한 관심과 애착, 가치 부여의 정도는 차이가 날 수 있을 것으로 보인다.

일/직업/직장을 주된 소통주제로 선택한 비율은 직업을 가진 사람의 비율이 높은 30대와 40대에서 절정에 이르렀다가 50대 이후 감소하는 것으로 나타났다.

<표 8-8> **세대별 사회활동 및 공적 이슈 선택비율** (단위: %)

	20대	30대	40대	50대	60대
일/직업/직장	38.3	52.5	50.0	43.9	34.4
모임	29.0	22.7	24.8	36.2	46.4
사회적 이슈	21.6	22.2	24.8	33.2	27.3
지역 공동체 이슈	0.0	3.0	4.1	8.2	19.1
정당/시민단체 참여	0.0	3.0	3.2	3.1	6.2
자선/봉사단체 참여	0.0	0.5	4.1	3.6	4.8

2) 1인당 사회활동모임 수는 50대가 3.0명으로 가장 많고, 40대 2.8개, 30 2.7개, 60대 2.6개, 20대 2.2개 순이었다. 20대가 타 세대에 비해 유의미하게 적었지만, 대학동창모임과 직업 관련 모임이 없는 세대의 특징을 고려하면 큰 차이가 아니라고 할 수 있다.

학문, 종교 및 성찰적 주제

개인의 지적, 정신적 성장이나 성찰적 활동과 관련된 주제들은 비교적 선택비율이 낮았지만, 세대별 유의미한 차이가 있었다. 실용적/비실용적 지식 구분 없이, 학생과 취업준비생이 많은 20대에서 선택비율이 높았다(실용지식 18.5%, 학문·상식 15.4%)가 이후 급격히 낮아지는 패턴이 나타났다. 20대는 또한 타 세대에 비해 인생이나 정체성 고민에 관한 대화를 많이 하였다(34.0%). 반면 종교와 명상 등 정신수련 관련 대화는 연령대가 높아질수록 많이 하였다. 60대가 18.2%로 가장 높았고, 50대 15.3%, 40대 13.3% 순이었고, 20대는 3.7%에 지나지 않았다.

<표 8-9> 세대별 학습 및 성찰적 주제 선택비율 (단위: %)

	20대	30대	40대	50대	60대
실용 지식과 그것의 학습	18.5	5.6	2.3	3.1	1.0
학문/상식 및 그것의 학습	15.4	4.0	1.8	1.5	1.4
종교/정신수련	3.7	8.6	13.3	15.3	18.2
인생/자아	34.0	14.1	12.8	12.8	10.0

3) 학력

학력집단 간에도 소통주제의 차이가 크게 나타났다. 23개 주제 중 '취미활동', '쇼핑/물건', '육아/자녀/교육', '사회적 이슈', '정당/사회단체 참여', '자선/봉사활동 참여'를 제외한 17개 소통주제에 대해 선택비율이 집단 간에 서로 달랐다. 특히, 중등 이하 집단과 대재 이상 집단의 차이가 뚜렷하였다.

대재 이상 집단이 일과 여가, 학습에 관련된 주제를 많은 선택한 반면,

중등 이하 집단은 가족과 모임, 지역공동체, 건강/미용/다이어트, 종교 관련 주제를 많이 선택하였다. 전체적으로 학력이 높은 집단은 문화와 여가 등 삶을 내용적으로 풍부하게 하는 주제를 많이 이야기하고, 낮은 집단은 가족, 관계, 집단에 관련된 주제를 많이 이야기하는 경향이 나타났다.

그런데 이러한 차이는 학력 변인의 영향뿐 아니라 세대 변인의 영향도 반영되었을 것으로 보인다. 학력집단 간 세대 구성비율이 크게 차이나기 때문이다. 예를 들어 중등 이하 집단에서는 40대 이하는 1명도 없고, 60대 이상이 85%를 차지하는 데 비해, 대학 재학 이상 집단에서는 20~30대의 비율이 59.4%에 달한다. 따라서 중등 이하 집단이 타 집단에 비해 상대적으로 많이 선택한 주제는 모두 60대 이상의 선택 주제에 해당되며, 대재 이상 집단의 인기 소통주제는 많은 부분 20대의 선택 주제와 겹친다. 거꾸로 보면 세대 간 차이, 특히 젊은 세대가 문화와 여가 관련 주제를 많이 선택한 것은 이 세대의 높은 학력 수준과 관련이 있다고 할 수 있다.

<표 8-10> 학력집단별 상대적으로 인기 있는 소통주제

중등 이하	고등학교	대학 재학 이상
	대중문화, 문화	대중문화, 문화 스포츠레저 게임오락 문화활동
가사, 건강/미용/다이어트 가족행사 사교모임 지역공동체 이슈 종교/명상	건강/미용/다이어트	연애가족 일/직업/직장 실용학습, 학문/상식 인생/자아

* 적어도 1개 이상의 다른 집단보다 유의미하게 선택비율이 높은 주제만을 표시함.

<표 8-11> 학력집단 간 소통주제 비교 (단위: %)

순위	중등 이하		고등학교		대학 재학 이상	
	주제	비율	주제	비율	주제	비율
1	건강/미용/다이어트	59.8	돈/재정	59.8	돈/재정	51.4
2	돈/재정	55.7	건강/미용/다이어트	52.2	일/직업/직장	51.4
3	가족행사	52.5	일/직업/직장	39.6	스포츠/레저 활동	43.7
4	모임	48.4	스포츠/레저 활동	34.0	건강/미용/다이어트	42.4
5	가사	41.0	모임	32.5	쇼핑/물건	37.6
6	일/직업/직장	32.0	쇼핑/물건	32.2	대중문화	31.4
7	쇼핑/물건	32.0	가족행사	31.2	육아/자녀교육	29.9
8	스포츠/레저 활동	29.5	육아/자녀교육	30.7	모임	27.5
9	사회적 이슈	24.6	가사	29.4	사회적 이슈	25.6
10	육아/자녀교육	24.6	대중문화	27.9	연애/가족관계	25.6

4) 소득

소득집단 간 소통주제의 차이는 성별, 세대, 학력에 비해 크지 않았다. 소득집단 간에는 10개 주제에서 집단 간 차이가 있었다. 소득상위집단은 '스포츠/레저 활동'과 '연애/가족관계', '인생/자아', '자선/봉사활동 참여', '실용적 학습' 등 생활의 여유가 전제된 주제를 타 집단에 비해 상대적으로 많이 선택하였다. 그러나 스포츠/레저 외의 다른 문화 및 여가생활 주제는 특별히 많이 선택하지는 않았다. 스포츠/레저활동은 소득중위집단도 하위집단에 비해 많이 선택한 소통주제였다. 이는 문화/여가생활에 대한 관심은 세대와 학력 변인의 영향을 더 받는 것으로 해석될 수 있다.

<표 8-12> 소득집단별 상대적으로 인기 있는 소통주제

소득하위집단	소득중위집단	소득상위집단
	스포츠/레저활동	스포츠/레저활동
가사/가족행사 사교모임 돈/재정 지역 공동체 이슈	가사/가족행사 육아/자녀교육	연애가족 자선/봉사활동 참여 실용학습 인생/자아

*적어도 1개 이상의 다른 집단보다 유의미하게 선택비율이 높은 주제만을 표시함.

<표 8-13> 소득집단 간 소통주제 비교

(단위: %)

순위	소득하위집단		소득중위집단		소득상위집단	
	주제	비율	주제	비율	주제	비율
1	돈/재정	60.5	돈/재정	56.2	돈/재정	48.9
2	건강/미용/다이어트	54.0	건강/미용/다이어트	46.0	일/직업/직장	47.7
3	일/직업/직장	43.5	일/직업/직장	42.6	건강/미용/다이어트	47.3
4	모임	39.1	스포츠/레저 활동	40.6	스포츠/레저 활동	40.5
5	쇼핑/물건	33.1	육아/자녀교육	37.6	쇼핑/물건	39.7
6	가족행사	32.7	쇼핑/물건	33.7	대중문화	29.5
7	스포츠/레저활동	31.0	모임	30.1	모임	28.3
8	사회적 이슈	28.2	대중문화	29.3	연애/가족관계	27.8
9	가사	27.4	가족행사	28.5	사회적 이슈	27.4
10	대중문화	23.4	가사	25.7	인생/자아	22.4

소득하위집단은 가정과 재정문제에 대해 상대적으로 많이 소통하는 것으로 나타났다. 이는 이 집단이 생존의 문제에 보다 많이 얽매어 있음을 보여준다. 가사와 가족행사는 소득중위집단도 상위집단에 비해 많이 선택한 주제였다. 다른 한편, 사회활동모임과 지역 공동체 이슈는 소득하위집단

이 타 집단보다 많이 선택하였는데 이는 소득변인의 영향이라기보다는 세대의 영향으로 추정된다. 소득하위집단에는 60대 이상이 48.8%나 포함되었고, 20대는 7.7%에 지나지 않았다.

육아/자녀교육은 소득중위집단이 상대적으로 많이 선택한 소통주제였다. 이는 중산층이 신분 상승을 위해 육아와 자녀교육에 보다 많이 관심을 기울이고 있음을 보여준다. 소득중위집단에 30, 40대가 많이 포함되어 있어(51.2%) 세대의 영향도 있을 수 있지만, 30, 40대만을 한정하여 변량분석을 실시하여도 마찬가지의 결과가 나타났다. 30, 40대만을 한정할 때 소득중위집단은 55.7%가 육아/자녀교육 주제를 선택하여, 집단 전체의 비율인 37.6%보다 훨씬 높았다.

5) 정치사회성향

정치사회성향 집단 간에는 11개 소통주제에서 집단 간 차이가 있었다. 진보성향집단은 대중문화, 쇼핑/물건, 연애/가족관계 등 가볍고 쾌락주의적 주제를 타 집단에 비해 많이 선택하는 것으로 나타났다. 중도성향집단은 문화(감상)와 실용적 주제를, 보수성향집단은 생존 관련 주제와 실용적 주제를 상대적으로 많이 선택하였다.

<표 8-14> **정치사회성향 집단별 상대적으로 인기 있는 소통주제**

진보성향집단	중도성향집단	보수성향집단
대중문화, 게임·오락	문화(감상)	
쇼핑/물건 연애/가족관계 사회적 이슈	가사 쇼핑/물건 건강/미용/다이어트	가사/가족행사 돈/재정 건강/미용/다이어트 사회적 이슈 종교/명상

* 적어도 1개 이상의 다른 집단보다 유의미하게 선택비율이 높은 주제만을 표시함.

사회적 이슈는 정치사회 성향이 뚜렷한 진보/보수집단이 중도성향집단에 비해 많이 선택하였다. 이는 중도성향집단에 정치적 무관심층이 많이 포함되어 있기 때문에 나타난 결과로 보인다.

<표 8-15> 정치사회성향 집단 간 소통주제 비교

순위	구 분					
	진보		중도		보수	
	주제	비율	주제	비율	주제	비율
1	돈/재정	52.1	돈/재정	51.2	돈/재정	62.3
2	일/직업/직장	47.9	건강/미용/다이어트	50.3	건강/미용/다이어트	53.3
3	쇼핑/물건	40.8	일/직업/직장	45.8	스포츠/레저 활동	41.5
4	건강//미용/다이어트	39.8	쇼핑/물건	38.3	일/직업/직장	39.6
5	스포츠/레저 활동	38.7	스포츠/레저 활동	34.0	모임	35.5
6	대중문화	37.3	육아/자녀교육	32.5	가족행사	33.1
7	모임	32.7	대중문화	29.5	사회적 이슈	29.8
8	사회적 이슈	29.6	가사	28.0	육아/자녀교육	29.0
9	육아/자녀교육	27.1	모임	27.4	가사	27.9
10	연애/가족관계	26.4	가족행사	27.1	쇼핑/물건	27.6

진보성향집단이 가벼운 대중문화와 소비관련 주제를 즐겨 소통하는 것은 이 집단에 20, 30대 젊은 세대가 많이 포함되어 있기 때문이다. 20, 30대는 진보성향집단의 57.7%를 차지하였는데, 이는 중도성향집단의 43.8%나 보수성향집단의 13.7%에 비해 높다. 20, 30대만을 대상으로 하여 대중문화, 게임/오락, 쇼핑/물건, 연애/가족관계 주제에 관해 정치사회성향 간 차이가 있는지를 조사한 결과, 모든 주제에서 집단 간 차이가

발견되지 않았다. 따라서 정치사회성향이 특별히 이들 주제의 선택에 영향을 미치지는 않았다. 다만, 현재 진보성향집단이 전체 국민과 비교할 때 소비적이고 쾌락주의적 경향을 갖는 것은 의미 있는 특징이라 하겠다. 보수성향집단의 소통주제상의 특징도 대체로 이 집단의 63.9%를 차지하는 50, 60대의 세대적 특징이 반영된 것이라 할 수 있다. 40대 이하만을 대상으로 하는 분석에서는, 보수의 특징적인 소통주제에 대한 정치사회성향 하위집단 간 차이는 모두 유의미하지 않았다.

6) 사회자본

사회활동모임 수에 따른 집단 구분은 8개의 소통주제에 대해 집단 간 차이를 낳는 것으로 나타났다. 다른 변인에 비해 사회자본은 소통주제에 큰 영향을 미치지 않았으나, 특징적인 것은 정기적으로 참여하는 사회활동모임이 적은 사람들은 소통주제로 게임/오락이나 대중문화를 상대적으로 많이 선택하였다는 것이다. 1개 이하 참여집단은 대중문화를 35.1% 선택하여 가장 많았고, 2개 참여집단 31.9%, 3개 참여집단 25.7%, 4개 이상 참여집단 18.1%로 사회활동모임에 자주 나갈수록 대중문화를 적게 이야기하는 경향이 있었다. 게임과 오락도 마찬가지의 경향이 있었다.

반면 사회활동모임 4개 이상 참여집단은 다른 집단에 비해 '가사'를 선택하는 비율이 유의미하게 적었다. 이는 '가사'에 대한 관심과 '사회활동모임'에 대한 관심이 서로 배치되는 경향이 있음을 보여준다. 4개 이상 참여집단은 '자선/봉사활동 참여'나 '종교/명상'을 많이 선택하였는데, 이는 종교활동을 적극적으로 하는 사람이 많은 사회활동모임에 관여하기 때문에 나타난 결과로 풀이된다.

'육아/자녀교육', '일/직업/직장'에 대한 사회자본집단 간 차이는 집단별 인구사회학적 구성비율의 차이 때문에 나타난 결과로 보인다.

<표 8-16> **사회자본집단별 상대적으로 인기 있는 소통주제**

1개 이하	2개	3개	4개 이하
게임/오락, 대중문화	육아/자녀교육	일/직업/직장	사교모임 자선/봉사 참여 종교/명상

* 적어도 2개 이상의 다른 집단보다 유의미하게 선택비율이 높은 주제만을 표시함.

7) 온라인 이용수준

온라인 이용수준에 따른 집단 구분은 소통주제 선택에 뚜렷한 차이를 가져오는 것으로 나타났다. 모두 18개 주제에서 집단 간 차이가 나타났다.

<표 8-17> **온라인 이용수준 집단별 상대적으로 인기 있는 소통주제**

비이용	저이용	고이용
		대중문화, 문화, 게임/오락, 취미활동
가사/가족행사 돈/재정 건강/미용/다이어트 사교모임 정치사회적 이슈 지역공동체 이슈 종교/명상	가사/가족행사 돈/재정 육아/자녀교육 사교모임	쇼핑/물건 연애/가족관계 실용적 학습, 학문/상식 인생/자아

* 적어도 1개 이상의 다른 집단보다 유의미하게 선택비율이 높은 주제만을 표시함.

<표 8-18> 온라인 이용수준 집단 간 소통주제 비교 (단위: %)

순위	비이용		저이용		고이용	
	주제	비율	주제	비율	주제	비율
1	돈/재정	59.1	돈/재정	58.1	돈/재정	47.8
2	건강/미용/다이어트	54.8	건강/미용/다이어트	48.1	쇼핑/물건	45.2
3	스포츠/레저활동	39.5	일/직업/직장	47.0	일/직업/직장	44.5
4	일/직업/직장	39.1	스포츠/레저활동	39.8	건강/미용/다이어트	41.9
5	모임	37.7	육아/자녀교육	35.8	대중문화	38.6
6	모임	32.4	모임	34.4	스포츠/레저활동	34.2
7	사회적 이슈	32.4	쇼핑/물건	33.7	연애/가족관계	28.3
8	가사	28.8	모임	29.8	육아/자녀교육	23.9
9	쇼핑/물건	27.0	가사	26.5	인생/자아	23.9
10	육아/자녀교육	25.6	사회적 이슈	24.9	모임	22.1

온라인 이용집단 간 소통주제의 차이는 대체로 세대와 학력 변인의 영향으로 볼 수 있다. 3장에서 살펴본 것처럼 온라인 이용수준은 세대와 학력 변인에 의해 영향을 받는다. 온라인 고이용집단 중 20, 30대는 전체의 67.3%에 달했지만, 50, 60대는 11.8%에 불과하였다. 반면 온라인 비이용집단은 50, 60대가 전체의 71.2%를 차지하였고, 20, 30대는 12.8%이었다. 학력과 관련하여 온라인 고이용집단은 전체의 71.6%가 대재 이상인 반면, 온라인 비이용집단은 23.9%만이 대재 이상의 학력을 가지고 있었다. 이러한 집단 내 인구사회학적 속성의 차이가 소통주제의 차이로 나타났다고 할 수 있다.

온라인 고이용집단은 문화 및 여가생활 관련 주제와 소비, 쾌락적인 주제 그리고 학습 관련 주제를 타 집단에 비해 많이 선택하였다. 이는

20대와 대재 이상 학력집단 소통주제의 특징이기도 하다. 반면 온라인 비이용집단은 생존과 가족, 모임, 공동체 관련 주제에 대한 선택비율이 상대적으로 높았다. 이는 대체로 60대 이상과 중등 이하 학력집단과 유사한 패턴이라고 할 수 있다. 온라인 저이용집단은 대체로 양극단의 중간적인 패턴을 보였고, 육아와 자녀교육만을 타집단에 비해 소통주제로 많이 선택하였다.

주목할 만한 결과 중 하나는, 사회적 이슈를 온라인 비이용집단이 타집단에 비해 많이 선택하였다는 점이다. 비이용집단은 32.4%가 이 주제를 주요 소통주제로 선택한 데 비해 저이용집단은 24.9%, 고이용집단은 21.0%만이 선택하였다. 그런데 온라인 고이용집단은 학력수준이 높고 젊은 세대가 많으며, 무엇보다 사회적 소통시간이 타 집단에 비해 많은 집단이다. 즉, 사회적 이슈를 주요 소통주제로 선택한 비율이 높은 집단이 오히려 그에 관한 평균 소통시간이 적고, 낮은 집단이 소통시간이 높은 패턴이 나타난 것이다. 이를 다음 절에서 자세히 논의하겠다.

2. 사회적 이슈 선택 여부와 소통시간의 관계

직관적으로 볼 때 다른 사람들과 많이 이야기하는 주제로 '사회적 이슈'를 선택한 사람들은 그렇지 않은 사람들에 비해 사회적 소통시간이 많을 것으로 기대할 수 있다. 그런데 본 연구에서는 사회적 이슈를 선택한 집단과 비선택 집단 간에 사회적 소통시간은 유의한 차이가 없었고, 오히려 비선택집단이 155분으로 다소 많은 결과가 나왔다(선택집단 153분). 이는 면대면 대화시간으로 한정해도 마찬가지였다(선택집단 50분, 비선택집단 53분). 오히려 온라인 소통시간의 경우, 비선택집단이 43분, 선택집단이 32분으로 나타나 전자가 후자보다 유의하게 많았다.

<표 8-19> **사회적 이슈 선택 여부에 따른 소통시간의 차이 변량분석결과**

종속변인	평균(표준편차)		*df*	*F*	*p*
	선택집단	비선택집단			
사회적 소통시간	153.0 (93.9)	155.3 (101.1)	982	0.10	.758
면대면 대화시간	46.8 (41.8)	49.7 (46.5)	982	0.81	.370
온라인 소통시간	32.4 (44.5)	43.6 (53.5)	982	7.35	.007
뉴스매체 이용시간	73.9 (54.9)	63.0 (49.1)	982	8.69	.003

이 같은 결과는 사회적 이슈를 자신의 5대 소통주제 중 하나로 선택하지 않은 사람들도, 선택한 사람만큼 사회적 이슈에 대해 대화나 토론, 이야기를 나누고 있음을 의미한다. 비선택집단은 비록 타 주제만큼 많이 이야기하지 않더라도, 선택집단과 비슷한 수준으로 사회적 이슈를 소통주제로 다루고 있는 것이다. 이러한 결과로부터 사회적 이슈 비선택집단이 선택집단보다 총 소통시간이 많았을 것으로 추정할 수 있다. 즉, 사회적 이슈 비선택집단이 선택집단보다 다양한 주제에 대한 대화나 토론을 보다 많이 즐기고, 반대로 선택집단이 대화나 토론에 덜 참여하는 경향이 있는 것으로 보인다.

또 다른 가능성은 타 주제를 이야기하는 중간에 사회적 이슈를 다룰 가능성이다. 예를 들어, TV프로그램 논평을 주로 하는 온라인 게시판에서 소통활동을 하다가 사회적 이슈에 관한 이야기도 나누는 경우이다. 최윤정과 이종혁(2013)은 이렇게 취미나 여가활동 관련 온라인 커뮤니티에서 발생하는, 정치사회적 이슈에 관한 토론을 "여가화된 정치토론"으로 정의한 바 있다. 이러한 방식의 사회적 소통에 자주 참여하는 사람은, 해당 이슈에 관심이 없어도 그에 관한 소통을 많이 하게 된다. 이러한 경우가 많이 발생한다면 비선택집단이 선택집단보다 사회적 이슈에 관한 온라인 소통시간이 많아질 수 있다.

다른 한편, 사회적 이슈 선택집단은 비선택집단보다 뉴스매체 이용시간이 유의미하게 많았다. 선택집단은 사회적 소통을 위해 뉴스매체를 74분 이용한 반면, 비선택집단은 63분 이용하였다. 이는 사회적 이슈를 선택한 사람이 상대적으로 사회적 이슈에 관심이 더 많으므로, 자신이 선택할 수 있는 뉴스매체 이용을 더 많이 했기 때문에 나타난 것으로 해석될 수 있다.

이상과 같은 결과는, 사회적 이슈에 대한 관심이 뉴스매체 수용으로 이어지는 방식과 면대면 대화 및 온라인 소통으로 이어지는 방식이 다름을 시사한다. 특히 온라인 소통은 다른 주제에 대한 관심이 더 많을 때, 오히려 타 주제에 대한 대화나 토론을 경유하여 사회적 이슈에 관한 소통도 많이 하게 되는 결과를 낳을 수 있다. 즉, 온라인 소통에서 타 소통주제는 '사회적 이슈'라는 주제와 경쟁의 관계가 아니라 밑거름의 관계가 될 수 있다. 향후 온라인 사회적 소통에 대한 연구는 이러한 소통주제들 간의 관계 및 그것의 사회적 함의에 대해 탐구할 필요가 있을 것이다.

CHAPTER

9장 소통의 양과 질이 소통결과에 미치는 영향?

9. 소통의 양과 질이 소통결과에 미치는 영향

시민들의 소통의 질이 좋아질 때, 그것이 결과의 측면에서는 어떤 바람직한 양상을 가져올 수 있을까? 시민들이 상호적이고 합리적인 소통을 실천하고, 반대의견 듣기를 행하며, 무례하고 공격적인 발언을 삼가는 것은 그 자체로 좋은 것이지만, 어떤 바람직한 소통결과를 가져오는가를 기준으로 그 가치를 평가해 볼 수 있다. 만약 어떤 소통행위가 좋은 소통결과를 가져온다는 것이 실증적으로 확인된다면, 왜 그러한 소통의 실천이 의미 있고 가치 있는 것인지에 대해 견고한 지지근거를 마련할 수 있을 것이다. 소통의 질과 소통결과의 관계에 대한 탐구는, 각 소통의 질 하위차원이 특히 어떤 유형의 좋은 소통결과에 기여하는지 알 수 있는 좋은 자료가 될 것이다.

이러한 문제의식에서 본 연구팀은 3가지 유형의 소통결과 변인을 설문조사 항목에 포함시켜 소통의 질 변인과 함께 조사하였다. 소통의 질 지표와 마찬가지로 소통결과 척도도 자기보고식의 리커트 7점 척도로 구성되었다. 조사된 소통결과는 엄밀히 말하면 실제 소통결과가 아니라, 응답자가 지각하고 판단한 주관적인 소통결과라 할 수 있다. 그러나 소통 참여자의 주관적 만족도 소통결과의 중요한 한 차원으로 볼 수 있고,

자기보고식 응답이 실제 결과의 양상을 상당 부분 반영한다고 볼 수 있다는 점에서 이러한 조사는 소통의 질과 소통결과의 관계를 접근하는 유용한 기초자료가 될 것이다.

1. 소통결과의 차원들: 이슈 이해 만족도, 소통유대감, 소통만족도

그러면 질 좋은 소통행위를 통해 기대할 수 있는 바람직한 소통결과로는 어떤 것이 있을까? 기존 연구에서 소통결과의 질은 이슈에 대한 이해의 향상(김동윤, 2007b; 김유경, 2002), 소통상대방에 대한 정서적 유대감이나 신뢰(김동윤, 2007a; 이종혁·최윤정, 2012b) 등으로 측정되어 왔다. 본 연구에서는 이들 연구가 다룬 소통결과의 차원을 참조하여 이슈 이해 만족도나 소통유대감 문항을 만들어 조사하였다. 또한 일반적인 소통 만족을 묻는 변인도 추가하였다.

1) 이슈 이해 만족도

사회적 이슈에 관한 소통에서 바람직한 소통결과는 이슈에 대한 이해가 심화되는 것이다. 어떤 이슈에 대해 보다 정확하고 폭넓게 이해할 때 시민들은 그 이슈에 대해 올바른 입장을 갖게 되며, 이는 바람직한 여론 형성에 기여할 것이다. 이슈 이해에 대한 측정은 보통 정치지식에 대한 측정으로 이루어지지만, 사회적 소통의 인지적 효과에 대한 주관적 평가도 유의미한 기초자료가 될 수 있을 것이다. 연구팀은 최근 본인이 참여한 사회적 소통과 관련하여 이슈에 대한 이해에 도움이 되었는지, 이슈에 대한 새로운 시각을 갖게 됐는지, 이슈에 대한 판단에 도움이 되었는지 등의 항목으로 이슈 이해에 관한 만족도를 측정하였다.

<표 9-1> **이슈 이해, 소통유대감, 소통만족도의 평균, 표준편차 및 신뢰도**

소통결과 차원	문항	*M*	*SD*	α
이슈 이해 만족도	• 대화나 토론을 통해 사회적 이슈에 대한 이해를 넓힐 수 있었다.	4.73	.82	.74
	• 대화나 토론을 통해 사회적 이슈에 대한 새로운 시각을 갖게 되었다.			
	• 대화나 토론이 사회적 이슈에 대해 올바른 판단을 내리는 데 도움을 주었다.			
소통유대감	• 나는 대화나 토론을 한 사람들에게 대체로 친밀감을 느끼는 편이다.	4.64	.83	.78
	• 나는 대화나 토론을 한 사람들에게 대체로 유대감을 느끼는 편이다.			
	• 나는 대화나 토론을 한 사람들과 동료의식을 공유하는 편이다.			
소통만족도	• 대화나 토론한 내용에 대해 대체로 만족한다.	4.67	.83	.82
	• 대화나 토론한 상대에 대해 대체로 만족한다.			
	• 대화나 토론한 결과에 대해 대체로 만족한다.			

2) 소통유대감

소통상대방과의 유대가 강화되는 것 또한 바람직한 소통결과의 차원이다. 커뮤니케이션의 차원을 크게 내용과 관계의 차원으로 구분할 때(Watzlawick, Bavelas, Jackson & O'Hanlon, 1967), 이는 관계 차원에서 나타나는 긍정적인 효과라 할 수 있다. 소통으로 인해 상대방과 친밀감, 유대감, 동료의식을 갖게 된다면, 개인의 사회연결망의 질을 높일 수 있을 뿐 아니라 사회 발전에도 기여할 수 있다. 소통을 통해 느끼는 유대감의 경험은 상대방과의 소통채널을 유지시킴으로써 사회적 소통의 재생산에 큰 역할을 할 수 있다. 소통유대감에 대한 측정은 김동윤(2007a), 이종혁·최윤정(2012b)의 척도를 참조하여 소통상대방에게 친밀감, 유대감, 동료의식을 느꼈는지를 각각 묻는 방식으로 이루어졌다.

3) 소통만족도

참여한 대화나 토론에 대한 일반적 소통만족도 또한 조사하였다. 이는 앞선 3개 항목으로 포착되지 않은, 소통결과에 대한 만족의 차원이 있을 수 있음을 고려한 것이다. 본인이 참여한 사회적 소통에 대한 전반적인 만족도는 향후 이러한 소통에 재참여 여부에 영향을 미치는 주요변인이 될 것이다. 소통만족도는 소통의 내용, 상대, 결과에 대해 만족하는지를 각각 묻는 방식으로 측정되었다.

위 3가지 소통결과 변인에 대해 소통의 질은 어떤 영향을 미치는지 살펴보기 위해 3단계에 걸친 다중회귀분석을 실시하였다. 1단계로 인구사회학적 변인과 온라인/면대면 소통시간 변인을 독립변인으로 하는 회귀분석을, 2단계로 한국적 소통성향과 민주적 시민의식 관련 변인들을 추가한 회귀분석을, 마지막 3단계에서는 여기에 4가지 소통의 질 하위차원 변인들을 추가한 회귀분석을 각 소통결과의 종속변인에 대해 실시하였다.

2. 소통의 양과 질이 이슈 이해 만족도에 미치는 영향

회귀분석결과, 소통의 질 하위차원 중 상호성, 합리성, 반대의견 듣기가 이슈 이해에 관한 시민들의 만족도에 상대적으로 큰 영향을 미치는 것으로 나타났다(회귀식3). 이는 다른 사람들과의 소통을 상호적, 합리적으로 행하고 반대의견을 잘 듣는 사람일수록, 자신이 참여한 대화나 토론에 대해 인지적 차원에서 만족스러워 하는 경향이 있음을 의미한다. 반면 소통예의는 이슈 이해 만족도에 유의미한 영향을 미치지 못했다.

<표 9-2> 이슈 이해 만족도에 대한 다중회귀분석결과 (N=978)

독립변인	종속변인		
	이슈 이해 만족도		
	회귀식1	회귀식2	회귀식3
성별(1=여성)	-0.03	-0.03	-0.02
연령	-0.08	-0.06	-0.04
학력(재학기간)	0.02	0.02	0.00
소득수준	0.05	0.01	-0.02
가족 수	-0.02	-0.01	0.00
사회활동모임 수	0.07*	0.07*	0.02
정치성향(보수성)	-0.02	0.01	-0.01
면대면 소통시간	0.05	0.04	0.00
온라인소통시간	-0.11**	-0.08*	-0.05
토론속도주의		-0.16***	-0.11***
집단동조성향		0.22***	0.13***
정치적 관용		0.23***	0.11**
정치효능감		0.02	0.00
상호성			0.23***
합리성			0.21***
반대의견 듣기			0.12***
소통예의			-0.02
R^2	2.2%	17.2%	33.7%
F	2.42*	15.40***	28.74***

주: 입력된 값은 표준화된 회귀계수(β)

* p<.05, ** p<.01, *** p<.001

회귀식1에서는 사회활동모임 수는 이슈 이해 만족도에 정적인 영향을, 온라인소통시간은 부정적인 영향을 미쳤지만, 이 영향력은 회귀식3에서 유의미한 수준 이하로 낮아졌다. 이는 두 변인의 이슈 이해에 대한 영향 중 상당 부분이 상호성과 합리성을 경유해 나타났기 때문으로 보인다. 사회활동모임 수가 많을수록 상호성과 합리성이 계발되고(4장 참조) 이것이 이슈 이해 만족에 긍정적 효과를 미쳤고, 온라인 소통시간은 반대로 많아질수록 소통의 상호성과 합리성을 악화시켜서 이슈 이해에 부정적 영향을 미쳤다고 볼 수 있다(5장 참조).

이와 비슷한 패턴은 한국적 소통성향 및 민주적 시민의식 변인에 관해서도 확인된다. 회귀식2에서 토론속도주의는 이슈 이해 만족도에 부정적 영향을, 집단동조성향과 정치적 관용은 긍정적 영향을 미쳤다. 사회적 논의과정의 가치를 부정하고 빠른 결정을 선호하는 사람일수록 이슈 이해 만족도가 낮고, 타인과 집단의 의견에 동조하는 사람일수록 또는 다른 의견을 존중하고 인정하는 사람일수록 이슈 이해에 관한 만족도가 높아졌다. 이러한 영향은 소통의 질 변인을 추가한 뒤에도 유의미하게 나타났지만, 그 영향력의 크기는 감소하였다. 특히 정치적 관용과 집단동조성향의 감소폭이 컸다. 이는 이들 변인의 영향이 상호성, 합리성, 반대의견 듣기를 경유해 나타나기 때문으로 볼 수 있다(6장 참조).

3. 소통의 양과 질이 소통유대감에 미치는 영향

상호성, 합리성, 반대의견 듣기는 소통유대감에도 유의미한 정적 영향을 미치는 것으로 나타났다(회귀식3). 앞선 이슈 이해 만족도와 비교할 때, 반대의견 듣기의 영향이 상대적으로 더 크고, 상호성과 합리성의 영향이 작다는 점이 다소 달랐다. 소통유대감에서 반대의견 듣기의 영향이 큰 것은 반대의견을 가진 사람과의 소통에서 상대와의 관계가 악화되기 쉽다는 점과 연관성이 있는 것으로 보인다. 이러한 사람들과의 소통에서도 듣기를 잘 실천하는 사람들은 상대방과 친밀감, 유대감, 동료의식을 유지하거나 형성하는 것을 상대적으로 더 잘했던 것이다.

<표 9-3> 소통유대감에 대한 다중회귀분석결과 (N=978)

독립변인	종속변인		
	소통유대감		
	회귀식1	회귀식2	회귀식3
성별(1=여성)	-0.01	-0.01	-0.01
연령	-0.01	0.00	0.03
학력(재학기간)	0.02	0.02	0.00
소득수준	0.11^{**}	0.07^{*}	0.04
가족 수	-0.04	-0.03	-0.03
사회활동모임 수	0.06	0.06^{*}	0.03
정치성향(보수성)	-0.07	-0.04	-0.05
면대면 소통시간	0.02	0.01	-0.02
온라인소통시간	-0.10^{*}	-0.07	-0.04
토론속도주의		-0.16^{***}	-0.11^{***}
집단동조성향		0.25^{***}	0.17^{***}
정치적 관용		0.22^{***}	0.12^{***}
정치효능감		-0.02	-0.05
상호성			0.12^{***}
합리성			0.15^{***}
반대의견 듣기			0.23^{***}
소통예의			-0.03
R^2	2.6%	19.2%	31.7%
F	2.82^{**}	17.60^{***}	26.16^{***}

주: 입력된 값은 표준화된 회귀계수(β)

* $p<.05$, ** $p<.01$, *** $p<.001$

회귀식1에서는 소득수준과 온라인소통시간이 영향력이 있는 것으로 나타났다. 소득수준은 정적인 영향을 미치면서 이는 소득수준이 높은 사람일수록 소통을 통한 관계 차원의 만족을 보다 많이 느꼈음을 보여준다. 온라인 소통시간은 부적 영향을 미쳤다. 온라인을 통한 사회적 소통은 이슈 이해 만족도뿐만 아니라, 관계 차원에서도 만족스럽지 못한 경험을 주는 것으로 보인다.

한국적 소통성향 및 민주적 시민의식 변인에서 토론속도주의는 소통유대감에 부정적 영향을, 집단동조성향과 정치적 관용은 긍정적 영향을 미쳤다. 이러한 영향은 소통의 질 변인이 추가됨에 따라 상당 부분 감소되었다. 이는 토론속도주의, 집단동조성향, 정치적 관용의 소통유대감에 대한 영향 중 일부가 상호성, 합리성, 반대의견 듣기를 경유해 나타났기 때문으로 풀이된다. 그러나 집단동조성향은 조사대상 독립변인 중 2번째 큰 영향력을 유지하였다. 타인과 집단에 대한 의견동조는 집단의 통합이나 타인과의 조화를 위해 행해진다는 점에서 소통상대에 대한 유대감 형성에 기여했던 것으로 보인다.

4. 소통의 양과 질이 소통만족도에 미치는 영향

상호성, 합리성, 반대의견 듣기는 전반적인 소통만족도에도 긍정적인 영향을 미쳤다. 특히 반대의견 듣기와 상호성의 영향이 컸다.

다른 소통결과와는 달리 소통만족도에서는 온라인소통시간의 부정적 영향이 3단계의 회귀식에서도 유의미하게 나타났다. 온라인 소통시간이 많은 사람일수록 소통의 내용, 상대방, 결과에 대한 불만을 느끼는 경향이 있고, 이는 소통의 질 변인 등을 통제한 뒤에도 유효했던 것이다. 소득수준 역시 소통만족도에 긍정적인 영향을 미쳤지만(회귀식1), 2, 3단계 회귀식에서는 그 영향력이 유의미한 수준 이하로 낮아졌다.

<표 9-4> **소통만족도에 대한 다중회귀분석결과**

독립변인	종속변인		
	소통만족도		
	회귀식1	회귀식2	회귀식3
성별(1=여성)	0.01	0.02	0.03
연령	-0.04	-0.03	0.00
학력(재학기간)	-0.01	-0.01	-0.02
소득수준	0.11 **	0.07	0.04
가족 수	-0.06	-0.05	-0.05
사회활동모임 수	0.03	0.04	0.00
정치성향(보수성)	-0.01	0.02	0.00
면대면 소통시간	0.04	0.03	-0.01
온라인소통시간	-0.12 **	-0.10 **	-0.07 *
토론속도주의		-0.13 ***	-0.08 **
집단동조성향		0.21 ***	0.11 ***
정치적 관용		0.24 ***	0.13 ***
정치효능감		0.09 ***	0.05
상호성			0.21 ***
합리성			0.12 ***
반대의견 듣기			0.25 ***
소통예의			-0.04
R^2	2.2%	15.6%	33.2%
F	2.40* *	13.71 ***	28.03 ***

주: 입력된 값은 표준화된 회귀계수(β)
* $p<.05$, ** $p<.01$, *** $p<.001$

소통만족도에 있어 토론속도주의는 부정적 영향을, 집단동조성향과 정치적 관용은 긍정적 영향을 미쳤다(회귀식2). 또한 다른 소통결과와 달리 정치효능감의 긍정적인 영향도 확인되었다. 자신이 정치과정에 영향력을 행사할 수 있다는 신념을 가진 사람일수록 전반적인 소통만족도가 높아지는 경향이 있다. 앞서 정치효능감은 소통의 인지적, 관계적 차원의 만족에는 기여하지 못했다. 따라서 소통만족도에 대한 정치효능감의 영향은 '근거 없는 자신감'에 연유한 것일 가능성이 있다. 또 다른 가능성으로는 반대의견을 가진 사람과의 소통을 통한 성취감을 들 수 있다. 4장에서 정치효능감은 소통의 질 하위차원 중 반대의견 듣기에만 긍정적 영향을 미치는 것으로 나타났다. 정치효능감이 높은 사람이 반대의견을 가진 사람을 설득하고 그 과정이나 결과에 대해 만족을 느꼈다면, 이슈 이해의 증가나 상대와의 유대 강화가 없더라도 소통에 만족감을 느꼈을 수 있을 것이다.

5. 소결: 질 좋은 소통행위의 중요성

소통에 대한 회귀분석결과를 종합해 보면, 사회적 이슈에 대한 이해나 다른 사회성원과의 유대감 증진 등과 같은 '소통'의 긍정적인 가치의 실현을 위해서는 소통행위의 질적 향상이 중요함을 알 수 있다.

소통시간의 경우, 사회적 이슈에 대한 소통시간이 많아진다고 하여 이슈 이해나 소통상대방과의 관계에 특별한 도움이 되지 않았다. 오히려 온라인 소통의 경우에는 소통시간이 많아질수록 이슈 이해 만족도나 소통 유대감, 그리고 소통만족도가 낮아지기도 하였다. 이는 온라인 소통이 상호성과 합리성의 측면에서 취약하기 때문인 것으로 보인다. 선행연구에서 사회적 소통의 주요 변인으로 많이 다뤄졌던 정치적 관용 및 정치효능감과 비교해 보아도 상호성, 합리성, 그리고 반대의견 듣기는 소통결과를 보다 잘 설명하는 변인이라 할 수 있다.

<표 9-5> 소통결과에 대한 소통의 질 변인의 설명력 (N=978)

독립변인	종속변인					
	이슈 이해 만족도		소통유대감		소통만족도	
	회귀식A1	회귀식B1	회귀식A2	회귀식B2	회귀식A3	회귀식B3
성별(1=여성)	-0.03	-0.02	-0.01	0.00	0.02	-0.02
연령	-0.06	-0.04	0.00	0.03	-0.03	0.04
학력(재학기간)	0.02	0.00	0.02	-0.01	-0.01	-0.03
소득수준	0.01	-0.01	0.07*	0.05	0.07	0.14
가족 수	-0.01	0.00	-0.03	-0.03	-0.05	-0.05
사회활동모임 수	0.07*	0.01	0.06*	0.01	0.04	0.00
정치성향(보수성)	0.01	-0.02	-0.04	-0.07*	0.02	-0.08*
면대면 소통시간	0.04	0.00	0.01	-0.02	0.03	-0.01
온라인소통시간	-0.08*	-0.06	-0.07	-0.05	-0.10**	-0.08*
토론속도주의	-0.16***		-0.16***		-0.13***	
집단동조성향	0.22***		0.25***		0.21***	
정치적 관용	0.23***		0.22***		0.24***	
정치효능감	0.02		-0.02		0.09***	
상호성		0.27***		0.17***		0.17***
합리성		0.25***		0.19***		0.13***
반대의견 듣기		0.15***		0.26***		0.27***
소통예의		-0.02		-0.03		0.00
R^2	17.2%	29.5%	19.2%	25.3%	15.6%	24.4%
F	15.40***	31.03	17.60***	25.08***	13.71***	23.99***

주: 입력된 값은 표준화된 회귀계수(β)
* $p<.05$, ** $p<.01$, *** $p<.001$

<표 9-5>에서 한국적 소통성향 및 민주적 시민의식 변인이 포함된 회귀식A 유형과 소통의 질 변인들이 포함된 회귀식B 유형의 결정계수

R^2값을 비교하면, 후자의 결정계수가 이슈 이해 만족도는 12.3%, 소통유대감 6.1%, 소통만족도 8.8% 더 크다는 것을 알 수 있다. 이는 소통의 질이 포함된 회귀식B 유형이 더 좋은 설명력을 가진 모델임을 말해준다. 사회적 소통에 대한 가치관이나 신념, 또는 문화적 성향과 관련된 변인들보다 소통행위의 질 변인이 소통 참여자들이 느끼는 주관적 소통결과를 보다 잘 설명하는 것이다.

다른 한편으로는, 토론속도주의, 집단동조성향, 정치적 관용 등과 같은 사회적 소통 관련 변인의 중요성을 다시 확인할 수 있었다. 이들 변인은 6장에서 살펴본 것처럼 소통행위의 상호성, 합리성, 반대의견 듣기에 영향을 미칠 뿐 아니라, 소통의 인지적, 관계적 차원의 만족에도 일정한 영향을 주는 것으로 나타났다.

사회적 소통의 주요 변인으로 다루어졌던 정치적 관용은 소통의 질 4개 차원뿐 아니라, 세 유형의 소통결과 만족도에 대해서도 모두 긍정적 영향을 미치는 것으로 나타났다. 반면 토론속도주의는 소통행위 차원에서 상호성, 합리성, 반대의견 듣기뿐 아니라 소통결과 만족도에도 부정적인 영향을 미쳤다. 이 사실은 정치적 관용은 증진시키고, 토론속도주의는 줄이기 위한 캠페인이나 교육의 필요성을 다시금 환기시킨다.

마지막으로, 소통의 질 하위차원 중 소통예의는 모든 유형의 소통결과 만족도에 유의미한 영향을 미치지 못 했다는 점에 주목해야 한다. 욕설 등의 공격적이거나 무례한 표현을 삼가는 것은 이슈에 대한 이해나 상대에 대한 유대감, 전반적인 소통만족도 등을 향상시키는 데 기여하지 못한 것이다. 이는 다음과 같이 해석될 수 있다.

첫째, 공격적이고 무례한 표현은 친밀한 관계에서의 소통과 밀접한 관계에 있기 때문이다. 본 연구의 일관된 결과에 따르면 소통예의는 면대면의 친밀한 소통과 역관계에 있다. 그런데 이러한 친밀한 소통은 다른 세 가지 소통의 질 차원이나 소통결과 만족도에 긍정적인 영향을 줄 수 있다. 공격적이고 무례한 표현이 사회적 소통에 미치는 부정적 영향은 이러한 친밀한 소통이 주는 긍정적 영향으로 인하여 상치되어 드러나지 않을 수 있는 것이다.

둘째, 공격적인 표현의 당사자는 자신의 소통행위나 결과를 좋게 생각함에 따라 나타난 결과로 볼 수 있다. 사실 공격적이고 무례한 표현의 폐해를 경험하는 사람은 말하는 사람이 아니라 이들의 소통상대방이다. 이 경우 말하는 사람의 자기보고는 소통결과를 왜곡하여 보여줄 수 있는 것이다.

만약 첫 번째 설명처럼, 공격적인 표현이 친밀성 증진에 도움을 주고, 그것이 좋은 소통과정과 결과를 가져온다면 소통예의를 소통의 질의 한 기준으로 유지하기 어려울 것이다. 그러나 이러한 '좋은' 영향이 소통상대방에게도 인정되는지 확인할 필요가 있다. 추후 연구를 통해 소통예의가 사회적 소통과정에 미치는 긍정적, 부정적 영향에 대한 보다 면밀한 검토가 필요하다고 하겠다.

CHAPTER

10장 결론

10.
결 론

이 장에서는 먼저 연구결과를 요약하는 한 방법으로 각 장에서 개별적으로 다루어진 사회적 소통의 양과 질, 범위 그리고 소통주제에 관한 조사결과를 사회집단별로 종합하여 제시하고자 한다. 이를 통해 각 사회집단의 사회적 소통 현황을 다차원적으로 고찰할 수 있을 것이다. 다음으로 연구의 의의와 한계, 후속 연구를 위한 제언을 제시할 것이다.

1. 사회집단별 사회적 소통

1) 성별

남성이 여성보다 사회적으로 더 많은 소통을 하였고, 사회적 이슈를 보다 많이 대화나 토론의 소재로 삼았으며, 반대의견 상대방을 더 많이 접촉했던 것으로 나타났다. 소통의 질 차원에서는 여성이 남성보다 소통예의를 잘 지켰다.

남성이 소통의 양이 많은 것은 남성이 여성보다 사회적 이슈에 보다 많은 관심을 갖고 있기 때문에 나타난 결과로 볼 수 있다. 남성이 사회적 이슈를 주된 대화 소재 중 하나로 응답한 비율은 37.3%였지만, 여성은

15.0%에 불과했다. 이는 사회적 이슈에 대해 관심이 높은 남성이 여성보다 2배 이상 많다고 해석될 수 있다. 이러한 사회적 이슈에 대한 관심의 차이는 뉴스매체 이용시간의 차이에 반영되어, 남녀 간 사회적 소통시간의 차이를 가져왔다.

여성은 상대적으로 사회적 이슈에 관심이 적지만, 이에 관한 상호작용적 소통은 남성과 대등한 수준으로 많이 하였다. 면대면 대화시간과 온라인 소통시간에서 남성과 여성의 차이는 통계적으로 유의한 수준은 아니었다. 아마도 면대면, 온라인을 통한 전체 대화량(모든 화제 포함)에서 여성이 남성보다 많기 때문에 이 같은 결과가 나타난 것으로 보인다.

매체융합의 변화에 적응한 20대와 30대만을 한정하면, 여전히 남성이 여성보다 공적 이슈에 대한 관심이 높지만(남 28.6%, 여 14.9%), 사회적 소통시간의 차이는 거의 없었다(남 168분, 여 166분). 특히 온라인 소통시간의 경우, 유의한 차이는 아니었지만, 여성이 남성보다 다소 많은 것으로 나타났다(남 65분, 여 69분). 이는 새로운 사회적 소통 매체의 등장과 전통적 뉴스매체 이용의 감소가 남녀 간 소통량의 차이를 줄이고 있음을 의미한다.

온라인 소통매체의 도입은 또한 남녀 간의 반대의견 상대방 수의 격차를 줄이는 것으로 나타났다(남성 2.1명, 여성 2.0명). 전체 표본에서는 남성 1.9명, 여성 1.5명으로 남성이 여성보다 유의한 수준에서 반대의견 상대방을 많이 만나고 있었다. 이는 온라인 소통매체의 활용으로 여성의 전체 소통 방대방수가 증가하면서 나타난 부수효과로 보인다. 유의한 수준은 아니지만, 20, 30대의 경우에 있어서는 여성이 오히려 전체 소통상대방 수가 많았다(남 12.8명, 여 13.1명). 전체 표본에서는 남성 10.7명, 여성 9.7명이었다.

남녀 간 소통예의에서의 차이는 20, 30대에도 그대로 나타났다. 남성이 5.03점, 여성이 5.40점으로 둘 간의 차이는 유의미하였다. 이는 언어적 공격성향에 관한 남녀 간의 차이가 세대와 소통 매체의 차이와 무관하게 일정하게 욕설 및 공격적 언어 사용에 반영되고 있음을 보여준다.

<표 10-1> 성별 간 사회적 소통 비교

구분		남성	여성	전체평균
사회적 소통시간	평균	162.5 분	147.2 분	154.7 분
	부족한 사람 비율	8.3%	13.0%	10.7%
면대면 대화시간		50.7 분	47.2 분	48.9 분
온라인 소통시간		40.7 분	39.2 분	39.9 분
뉴스매체 이용시간		71.1 분	60.7 분	65.8 분
상호성	평균	4.98	4.96	4.97
	부족한 사람 비율	7.2%	7.2%	7.2%
합리성	평균	4.69	4.61	4.65
	부족한 사람 비율	15.9%	17.6%	16.8%
반대의견 듣기	평균	4.71	4.66	4.68
	부족한 사람 비율	14.7%	13.4%	14%
소통예의	평균	5.19#	5.45	5.33
	부족한 사람 비율	11.6%	9.4%	10.5%
전체 소통상대방 수	평균	10.7 명	9.7 명	10.2 명
	부족한 사람 비율	6%	5.8%	5.9%
반대의견 상대방 수	평균	1.9 명	1.5 명#	1.7 명
	부족한 사람 비율	20.9%	27.4%#	24.2%
대화주제 중 사회적 이슈 선택비율		37.3%	15.0%	25.9%

표시는 사회집단이 사회적 소통지표의 해당 항목에 취약함을 나타냄.[1]

1) 취약성은 소통의 질의 각 차원과 전체 소통상대방 수, 반대의견 상대방 수에 대해서만 판단되었다. 이를 판단하는 기준은 해당 항목을 분석한 장에 소개되어 있다.

2) 세대

세대의 하위집단 간 차이는 사회적 소통의 다양한 차원에서 뚜렷이 나타났다. 세대 집단은 모든 유형의 소통시간과 소통상대방 수에서 차이를 보였고, 소통의 질 중 반대의견 듣기와 소통예의에서 차이를 나타냈다.

이 중 가장 주목할 만한 차이는 매체별 소통시간의 차이이다. 젊은 세대일수록 온라인 소통시간이 많았고, 50, 60대는 면대면 대화나 뉴스매체 이용시간이 더 많았다. 이는 세대에 따라 사회적 이슈에 대해 정보를 얻고, 다른 시민들과 의견을 나누는 채널이 서로 다름을 보여주는 것이다. 세대 간 소통 단절이 우려되는 결과라 하겠다. 사회적 소통채널의 차이는 세대별로 '여론'을 서로 다르게 지각하게 만들 수 있다. 또한 실제 여론형성 과정도 세대별로 서로 분리된 채 진행될 가능성이 있다. 새로운 커뮤니케이션 테크놀로지에 대한 세대별 차별적인 수용이 세대별 소통 단절을 보다 심화시키고 있다고 볼 수 있다.

다른 한편, 온라인 소통매체의 도입은 사회적 소통시간과 소통 상대방 수를 증가시키고 있음을 알 수 있었다. 젊은 세대는 면대면 대화나 뉴스매체 이용을 50, 60대보다 적게 하였지만, 온라인 소통을 많이 하여 전체 사회적 소통시간이 이들 세대보다 많았다. 또한 전체 소통상대방 수와 반대의견 상대방 수가 많았다. 앞으로 온라인 소통에 익숙한 성인의 구성비가 증가할 것이 분명하기 때문에, 다른 요인들의 변화가 없다면, 전반적으로 사회적 소통시간과 소통상대방 수는 증가할 것으로 예측된다.

<표 10-2> 세대 간 사회적 소통 비교

구분		20대	30대	40대	50대	60대	전체 평균
사회적 소통시간	평균	173.7분	161.5분	146.1분	144.1분	152.3분	154.7분
	부족한 사람 비율	9.3%	10.1%	13.3%	11.2%	9.1%	10.7%
면대면 대화시간		46.1분	46.2분	43.4분	51.3분	57.4분	48.9분
온라인 소통시간		82.5분	55.0분	37.1분	24.5분	10.0분	39.9분
뉴스매체 이용시간		45.0분	60.4분	65.7분	68.3분	84.9분	65.8분
상호성	평균	4.92	5.03	4.95	5.01	4.93	4.97
	부족한 사람 비율	9.3%	5.1%	7.8%	5.6%	8.6%	7.2%
합리성	평균	4.65	4.75	4.65	4.68	4.52	4.65
	부족한 사람 비율	16%	12.1%	18.8%	14.3%	22.0%#	16.8%
반대의견 듣기	평균	4.78	4.81	4.59#	4.68	4.60	4.68
	부족한 사람 비율	9.9%	11.6%	17.0%#	14.3%	16.3%#	14.0%
소통에의	평균	5.12#	5.28	5.31	5.44	5.43	5.33
	부족한 사람 비율	14.8%#	11.6%	12.4%	6.6%	7.7%	10.5%
전체 소통상대방 수	평균	14.2명	11.9명	9.7명	9.4명	6.8명#	10.2명
	부족한 사람 비율	7.4%	7.6%	6.4%	4.1%	4.3%	5.9%
반대의견 상대방 수	평균	2.3명	1.8명	1.6명	1.6명	1.3명#	1.7명
	부족한 사람 비율	27.2%	25.8%	25.7%	19.9%	23.0%	24.2%
대화주제 중 사회적 이슈 선택비율		21.6%	22.2%	24.8%	33.2%	27.3%	25.9%

표시는 사회집단이 사회적 소통지표의 해당 항목에 취약함을 나타냄.

세대 간의 소통주제도 흥미로운 패턴이 나타났다. 사회적 이슈를 선택한 사람의 비율은 20대 21.6%, 30대 22.2%, 40대 24.8% 50대 33.2%, 60대 27.3%로, 50, 60대가 젊은 세대보다 높았다. 젊은 세대의 사회적 이슈에 대한 관심이 낮아지고 있다는 결과는 우려할 만한 지표로 볼 수도 있다. 그런데 젊은 세대의 사회적 소통시간은 다른 세대보다 오히려 많음을 고려할 필요가 있다. 비록 타 소통주제에 비해 사회적 이슈에 대한 상대적 관심이 줄고 있지만, 그것이 사회적 이슈에 관한 소통량의 감소를 의미하는 것이 아니다. 단, '여가화된 정치토론'의 형태로 타 주제에 대한 대화나 토론과정에서 함께 다루어지는 사회적 이슈의 소통이 얼마나 내용적으로 높은 차원의 질을 확보할 수 있는가는 좀 더 관심을 기울여야 할 것으로 보인다. 특히 젊은 세대에서 언론매체 이용시간이 감소되고 있다는 점을 고려하면 사회적 소통내용의 질 문제가 보다 중요해진다고 하겠다.

소통의 질 차원에서는 20대가 50, 60대에 비해 공격적인 표현을 많이 사용하여 소통예의가 부족한 것으로 나타났다. 60대 이상은 합리성이 부족한 사람이 많았고, 반대의견 듣기 평균점수도 30대에 비해 낮았다. 60대 이상은 또한 반대의견 상대방 수도 가장 적었다.

40대 또한 반대의견 듣기가 부족한 것으로 나타났다. 40대는 정치사회성향이 고착화되는 세대이고, 동년배의 이념적 이질성이 가장 큰 세대로 볼 수 있다. 반대의견 듣기의 부정적인 경험이 40대의 면대면 대화시간의 감소로 이어지는 것으로 보인다. 이 중간세대의 특수한 사회적 소통경험에 대한 보다 심도 깊은 연구가 필요하다고 하겠다.

3) 학력집단

학력집단은 소통의 양과 질, 범위의 여러 항목에서 차이를 보였다. 특히 중등 이하 학력집단은 사회적 소통시간, 합리성, 반대의견 듣기, 전체 소통상대방 수, 반대의견 상대방 수에서 타 집단에 비해 취약한 것으로 나타났다. 반대로 대학교육을 받은 경험이 있는 사람들은 대부분의 소통지표에서 상대적으로 좋은 점수를 기록했다.

오늘날 한국 사회에서 젊은 세대의 대부분은 대학교육을 거치고 있다. 본 조사에서도 20대의 77.2%, 30대의 77.0%가 대재 이상의 학력을 가졌다. 향후 한국 사회의 평균적인 학력 수준은 계속 높아질 것이므로, 전반적인 소통지표가 향상될 것이라 기대할 수 있다.

이러한 시각에서 보면, 몇 가지 소통지표 항목에서 우려스러운 측면도 발견된다. 상호성과 소통예의 차원에서는, 비록 유의한 수준은 아니었지만, 중등 이하 학력집단이 대학 재학 이상 집단보다 높은 평균점수를 기록하였다. 대학교육이 사회적 소통의 상호성과 소통예의 수준을 악화시키는 것은 아니지만, 이를 개선할 수 있는 사회문화적 경험 또한 제공하지 못했다고 할 수 있다. 특히 상호성의 경우, 면대면 소통이 온라인 소통으로 대체됨에 따라 악화될 위험이 있으므로 관심을 기울일 필요가 있다.

대학 재학 이상 학력집단과 고등학교 학력집단은 중등 이하 집단에 비해 뉴스매체 이용시간이 적었다. 대신 이들 집단은 중등 이하 집단에 비해 3배~5배 이상 많이 온라인을 통해 사회적 이슈에 관해 소통하였다. 저널리스트들이 제공하는 사회적 이슈에 대한 정보나 의견이 시민들의 그것보다 더 고급이라는 전제에서 접근하면, 이는 사회적 여론형성과정의 질적 하락을 가져올 요인이 될 수 있다. 이러한 전제가 타당하지 않다 해도,[2)] 적어도 매체융합 환경하에서 사회적 이슈에 관한 주된 정보원이

---

2) 한국의 저널리즘의 문제점을 지적하는 논의에 따르면 전문 언론인의 뉴스정보가 시민들에 비해 반드시 질적으로 우수한 것은 아닐 수 있다. "언론의 정파성"(김영욱, 2011)이나 "갈등유발형 저널리즘"(이재경, 2008), "경향적 보도"(이준웅, 2010)에 대한 논의에 따르면 한국 언론은 사회의 주요 이슈를 다룰 때 특정한 정파적 관점에 따라 사실을 선택하거나 윤색하여 특정 집단에 유리하게 보도하는 관행이 일반적이다. 전문 언론인의 형식적으로 뛰어난 기사가 자의적으로 취사선택된 '사실들'과 과장되거나 부풀려진 내용들을 담고 있다면 갈등 유발 등 사회에 미치는 악영향이 심각할 것이다. 보다 근본적으로 영미식의 객관 저널리즘이 잘 구현된다고

달라지고 있음에 관심을 기울여야 한다.

<표 10-3> 학력집단 간 사회적 소통 비교

구분		중등 이하	고등학교	대재 이상	전체평균
사회적 소통시간	평균	140.5 분	146.0 분	165.9 분	154.8 분
	부족한 사람 비율	13.9%	12.5%	8.4%	10.7%
면대면 대화시간		51.6 분	48.5 분	48.6 분	48.9 분
온라인 소통시간		9.3 분	30.9 분	55.6 분	40.0 분
뉴스매체 이용시간		79.6 분	66.5 분	61.7 분	65.9 분
상호성	평균	5.00	4.95	4.98	4.97
	부족한 사람 비율	7.4%	7.7%	6.9%	7.3%
합리성	평균	4.35#	4.62	4.75	4.65
	부족한 사람 비율	30.3%#	16.9%	13.3%	16.9%
반대의견 듣기	평균	4.56#	4.64	4.75	4.68
	부족한 사람 비율	17.2%	14.6%	12.9%	14.1%
소통예의	평균	5.44	5.35	5.28	5.33
	부족한 사람 비율	9%	9.7%	11.2%	10.3%
전체 소통상대방 수	평균	7.5 명#	8.9 명	12.1 명	10.2 명
	부족한 사람 비율	8.2%	4.9%	6.2%	5.9%
반대의견 상대방 수	평균	1.2 명#	1.7 명	1.9 명	1.7 명
	부족한 사람 비율	31.1%#	21.7%	24.7%	24.3%
대화주제 중 사회적 이슈 선택비율		24.6%	26.9%	25.6%	25.9%

표시는 사회집단이 사회적 소통지표의 해당 항목에 취약함을 나타냄.

해도, 뉴스수집관행이나 언론인이 의식하지 못하는 암묵적 이데올로기에 의해 정부나 행정관서, 중산층, 남성에 편향된 뉴스가 생산될 수 있다. 이러한 관점에서 전문 언론인의 뉴스보다 시민운동가들이나 시민들이 자발적으로 생산한 사회적 이슈에 대한 정보의 가치를 중시하는 논의도 있다(대표적으로 Tuchman, 1978/1995).

4) 소득집단

<표 10-4> 소득집단 간 사회적 소통 비교

구분		소득 하위집단	소득 중위집단	소득 상위집단	전체 평균
사회적 소통시간	평균	140.9 분	153.0 분	172.8 분	154.7 분
	부족한 사람 비율	13.3%	10.6%	8.0%	10.7%
면대면 대화시간		42.6 분	47.8 분	57.9 분	48.9 분
온라인 소통시간		26.9 분	41.1 분	51.1 분	39.9 분
뉴스매체 이용시간		71.4 분	64.0 분	63.7 분	65.8 분
상호성	평균	4.88#	4.99	5.03	4.97
	부족한 사람 비율	11.7%#	4.8%	7.6%	7.2%
합리성	평균	4.46#	4.68	4.77	4.65
	부족한 사람 비율	24.2%#	15.3%	12.2%	16.8%
반대의견 듣기	평균	4.56	4.69	4.79	4.68
	부족한 사람 비율	16.1%	13.7%	12.7%	14%
소통예의	평균	5.32	5.31	5.36	5.33
	부족한 사람 비율	10.9%	9.6%	11.8%	10.5%
전체 소통상대방 수	평균	8.8 명	10.8 명	10.4 명	10.2 명
	부족한 사람 비율	8.5%	4.4%	6.3%	5.9%
반대의견 상대방 수	평균	1.6 명	1.7 명	1.8 명	1.7 명
	부족한 사람 비율	26.6%	22.7%	24.9%	24.2%
대화주제 중 사회적 이슈 선택비율		28.2%	24.1%	27.4%	25.9%

표시는 사회집단이 사회적 소통지표의 해당 항목에 취약함을 나타냄.

소득집단 중에는 소득하위집단이 사회적 소통량이 적을 뿐 아니라 질직 측면에서도 취약한 점이 있는 것으로 나타났다. 경제적 취약 계층은 사회적 소통과정에 긍정적인 기여를 하지 못하고 있을 뿐 아니라, 그로부터 소외되는 경향이 있었다.

소통의 양적 측면에서 소득하위집단은 뉴스매체를 통한 사회적 소통은 타 집단에 비해 대등한 수준으로 하고 있었다. 그러나 면대면 대화시간과 온라인 소통시간이 적어 전체 사회적 소통시간이 타 집단에 비해 부족한 것으로 나타났다. 면대면 대화시간과 온라인 소통시간의 부족은 여론형성 과정에 이 집단의 의견이나 정보를 반영할 기회를 적게 갖게 됨을 의미한다. 반대로 소득상위집단은 면대면 대화시간에서는 소득하위집단보다, 온라인 소통시간에서는 하위, 중위 두 집단 모두에 비해서 많이 소통하였다. 회귀분석결과, 이는 소득변인 자체의 영향이 아닌 것으로 드러났지만, 계층에 따라 여론형성과정에 대한 양적 기여의 정도가 다르다는 결과는 주목할 만한 현상이라 할 수 있다.

소득하위집단이 상호성과 합리성의 측면에서 좋지 못한 지표를 기록한 것도 관심을 가질 결과이다. 이는 경제적 어려움이 소통의 질적 하락을 가져올 수 있음을 보여주는 사례로 접근될 수 있다. 사회적 소통 연구에서 개인과 집단의 경제적 조건이나 사회적 양극화의 영향 등에 대한 추후 연구가 필요할 것으로 보인다.

5) 정치사회적 성향

정치사회성향집단 간에도 소통의 양과 질, 범위 측면에서 차이가 있었다. 보수성향집단은 사회적 소통시간, 합리성, 반대의견 듣기, 그리고 전체 소통상대방 수에서, 중도성향집단은 상호성과 반대의견 듣기에서 취약한 점이 있는 것으로 나타났다.

보수성향집단의 지표는 이 집단에 50, 60대가 많이 포함되어 있다는 점이 반영된 것으로 보인다. 보수집단 중 50, 60대의 비율은 63.9%에 달했다. 보수성향집단이 부족한 측면은 모두 60대 이상이 타 세대에 비해 부족한 측면에 속하는 것이었다. 사회적 소통시간의 부족이나 소통상대방 수의 부족은 50, 60대가 온라인 소통을 많이 이용하지 않는다는 점에서 기인한 것으로 보인다. 보수성향집단은 면대면 대화시간이나 뉴스매체 이용시간의 경우, 유의한 차이는 아니었지만, 진보성향집단에 비해 오히려 많았다.

<**표** 10-5> **정치사회성향집단 간 사회적 소통 비교**

구분		진보	중도	보수	전체 평균
사회적 소통시간	평균	164.2 분	159.6 분	142.9 분	154.7 분
	부족한 사람 비율	8.8%	11.4%	11.5%	10.7%
면대면 대화시간		47.3 분	48.5 분	50.6 분	48.9 분
온라인 소통시간		54.1 분	45.6 분	23.8 분	39.9 분
뉴스매체 이용시간		62.8 분	65.5 분	68.4 분	65.8 분
상호성	평균	5.01	4.90	5.01	4.97
	부족한 사람 비율	4.2%	9.6%#	7.4%	7.2%
합리성	평균	4.71	4.63	4.61	4.65
	부족한 사람 비율	13.4%	16.2%	19.9%#	16.8%
반대의견 듣기	평균	4.78	4.61#	4.68	4.68
	부족한 사람 비율	10.9%	13.2%	17.2%#	14%
소통예의	평균	5.33	5.24	5.40	5.33
	부족한 사람 비율	9.9%	12.9%	8.7%	10.5%
전체 소통상대방 수	평균	12.3 명	10.2 명	8.7 명#	10.2 명
	부족한 사람 비율	5.3%	5.7%	6.6%	5.9%
반대의견 상대방 수	평균	2.0 명	1.6 명	1.6 명	1.7 명
	부족한 사람 비율	23.6%	23.4%	25.4%	24.2%
대화주제 중 사회적 이슈 선택비율		29.6%	18.6%	29.8%	25.9%

표시는 사회집단이 사회적 소통지표의 해당 항목에 취약함을 나타냄.

중도성향집단이 상호성과 반대의견 듣기에서 취약점이 있다는 것은 흥미로운 결과라 할 수 있다. 소통의 양과 범위에 관련된 지표에서 이 집단은 대체로 진보와 보수의 중간에 위치하였지만, 이 두 항목에서는 그렇지 않았다. 상호성의 경우는 부족한 사람의 비율이 가장 많았고, 반대의견 듣기의 경우는 집단의 평균점수가 진보성향집단에 비해 낮았다. 중도성향집단은 사회적 이슈를 주된 소통주제 중 하나로 선택한 비율이 타 집단에 비해 유의미하게 낮았다. 이는 중도집단 내에 사회적 이슈에 관한 의견을 접하는 것, 특히 자신과 다른 의견을 접하는 것을 회피하는 사람들이 많이 포함되어 있기 때문에 나타난 것으로 보인다. 사회적 논쟁에 대한 회피가 단순한 정치적 무관심의 반영일 수도 있지만, 일상에서 벌어지는 정치적 논쟁에 대한 반감이나 실망감의 결과일 수도 있다는 점에서 후속 연구가 필요한 부분이라 할 수 있다.

6) 사회자본

사회적 소통의 대부분의 지표에 대해 사회활동모임의 수로 구분된 집단 간에 유의미한 차이가 나타났다. 정기적으로 나가는 사회활동모임 수로 측정된 사회자본은 소통의 양과 질, 범위에 가장 큰 영향을 미치는 변인 중 하나였다. 이는 사회활동모임이 사회적 소통의 주요 매개체로 기능하고 있음을 보여준다. 회귀분석결과에 따르면, 사회활동모임이 많을수록 사회적 이슈에 관한 면대면 소통시간이 증가하였을 뿐 아니라, 모임과 직접적인 관련이 없는 뉴스매체 이용시간도 증가하였다. 사회활동모임은 또한 전체 소통상대방 수와 반대의견 상대방 수와 정적인 관계에 있었다. 이는 사회활동모임이, 비록 그 자체는 여가나 취미, 친목을 위한 것이라 할지라도, 사회적 이슈에 관한 대화나 토론의 장으로 기능하고 있음을 보여준다.

사회활동모임은 또한 개인의 소통행위의 질을 향상시키는 것으로 나타났다. 이는 사회활동모임 참가가 단순히 사회적 소통의 양적 증가뿐만 아니라, 질적 개선에도 기여하는 것으로 해석될 수 있다. 사회활동모임을 1개 이하 참여하는 집단과 2개 이상 참여하는 집단 간에는 소통의 질 4개 항목 모두에서 평균점수 또는 부족한 사람 비율에서 차이가 있었다.

<표 10-6> **사회자본집단 간 사회적 소통 비교**

구분		1개 이하	2개	3개	4개 이상	전체 평균
사회적 소통시간	평균	126.9 분	145.8 분	165.7 분	178.1 분	154.7 분
	부족한 사람 비율	17.8%	13.2%	6.3%	6.4%	10.7%
면대면 대화시간		34.1 분	46.8 분	55.7 분	56.3 분	48.9 분
온라인 소통시간		36.9 분	41.4 분	39.0 분	41.8 분	39.9 분
뉴스매체 이용시간		55.9 분	57.7 분	71.0 분	79.9 분	65.8 분
상호성	평균	4.83#	4.95	5.04	5.03	4.97
	부족한 사람 비율	11.4%#	7.7%	4.9%	5.9%	7.2%
합리성	평균	4.33#	4.60	4.81	4.78	4.65
	부족한 사람 비율	30.3%#	17.4%	10.2%	12.7%	16.8%
반대의견 듣기	평균	4.57	4.74	4.68	4.70	4.68
	부족한 사람 비율	17.3%#	9.7%	14.8%	16.7%	14%
소통예의	평균	5.25	5.37	5.32	5.35	5.33
	부족한 사람 비율	15.7%#	8.7%	10.2%	8.8%	10.5%
전체 소통상대방 수	평균	8.2 명#	9.6 명	10.5 명	12.6 명	10.2 명
	부족한 사람 비율	13.5%#	6.1%	2.8%	2.9%	5.9%
반대의견 상대방 수	평균	1.5 명#	1.7 명	1.6 명	2.1 명	1.7 명
	부족한 사람 비율	34.1%#	24.8%	22.5%	16.7%	24.2%
대화주제 중 사회적 이슈 선택비율		22.7%	27.7%	25.4%	27.0%	25.9%

표시는 사회집단이 사회적 소통지표의 해당 항목에 취약함을 나타냄.

사회활동모임 1개 이하 집단은 소통의 양과 질, 범위 등에서 모두 취약한 점이 있는 것으로 나타났다. 따라서 사회적 소통의 개선을 위해 관심을 가져야할 시민의 유형은 오프라인 모임 참여를 거의 하지 않는 사람이라고 할 수 있다. 이들이 어떤 이유(심리적 성향, 경제적 압박, 과도한 노동)로 사회적 모임을 꺼려하는지 파악하고, 이를 도울 수 있는 방안을 찾는 것은 사회적 소통의 건강한 하부구조를 만드는 데 기여할 수 있을 것이다.

7) 온라인소통수준

온라인 소통수준에 따라 구분된 집단 간에는 소통의 양과 범위의 차이가 두드러졌다. 온라인 비이용집단과 고이용집단은 사회적 소통시간에서 2배 이상 차이가 났다(105분 대 235분). 두 집단 간 소통시간의 차이는 집단 구분 기준에 이미 내재된 것이다. 그런데 온라인 고이용집단은 면대면 대화시간도 다른 두 집단에 비해 유의미하게 많았다. 이는 온라인 여론을 단지 온라인 세계에 한정된 여론으로 간주해서는 안 된다는 것을 말해준다. 온라인을 통해 적극적으로 사회적 이슈에 대해 소통하는 사람들은 오프라인에서도 마찬가지로 행위하는 경향이 있기 때문이다. 반면 뉴스매체 이용시간은, 유의미한 수준은 아니지만, 온라인 저이용집단이 타 집단에 비해 오히려 많았다. 3장 6절에서 이러한 결과는 사회적 이슈에 관한 온라인 소통이 면대면 대화가 아니라 뉴스매체 이용을 대체함을 보여주는 것으로 해석된 바 있다. 향후 뉴스매체를 통한 사회적 이슈에 대한 소통이 다른 시민들과의 소통으로 대체되는 경향이 지속적으로 나타날지, 그것의 함의는 무엇인지에 대해 사회적 관심을 기울일 필요가 있다.

온라인 소통은 소통상대방의 수를 증가시키고, 이로 인하여 반대의견 상대방 수도 증가시키는 경향이 있음을 7장의 회귀분석결과에서 알 수 있었다. 이는 온라인 이용집단 간의 차이에도 뚜렷이 확인할 수 있다. 온라인 고이용자와 저이용자의 소통상대방 수는 3배 이상 차이가 났다(16.2

명 대 5.3명).

온라인 소통은 소통의 양과 범위는 증가시켰지만, 소통의 질적 향상은 가져오지 않았다. 상호성, 합리성, 반대의견 듣기 차원에서 세 집단 간 차이가 없었고, 오히려 소통예의에서는 온라인 고이용집단이 저이용집단과 비이용집단보다 평균점수가 낮은 것으로 나타났다. 다른 세 차원에서도 비록 유의한 수준은 아니었지만, 온라인 고이용집단이 저이용집단보다 평균점수가 낮게 나타났다. 온라인 고이용집단에서 고학력자 비율이 높다는 것을 고려하면 다소 예상과 벗어난 결과라고 할 수 있다.

회귀분석결과에 따르면, 온라인 소통은 상호성과 합리성에 부적 영향을 미치는 것으로 나타났다. 온라인 소통은 반대의견 듣기나 소통예의와도 부적인 관계였지만, 유의한 수준은 아니었다.[3] 이러한 결과들은 매체융합시대 사회적 소통에 대한 전망을 어둡게 하는 결과들이라 할 수 있다. 온라인 소통이 보편화되었을 때, 우리는 상대의 말에 덜 귀기울이고, 정보나 의견의 타당성에 덜 신경을 쓰며, 욕설이나 공격적인 표현을 함부로 사용하는 소통행태를 지금보다 자주 마주하게 될 수 있다.

또 다른 우려점은 온라인 고이용집단이 다른 집단에 비해 사회적 이슈를 주요 소통주제로 선택하는 비율이 낮다는 점이다. 이는 온라인 집단이 그만큼 대화나 토론주제의 폭이 넓다고 긍정적으로 해석될 수 있다. 주요 소통주제로 덜 선택하는 경향이 있지만, 소통시간이 많기 때문에 양적인 문제는 없다. 그러나 타 주제를 다루는 와중에 함께 이루어지는 사회적 이슈에 대한 논의는 대화나 토론의 밀도나 정확성이 떨어질 우려가 있다.

---

3) 소통예의의 평균점수에서 온라인 고이용집단은 다른 집단에 비해 유의하게 낮았지만, 회귀분석결과에서 온라인 소통시간이 소통예의에 미치는 부적인 영향은 유의한 수준에 이르지 못하였다. 온라인 이용집단 간 차이는 고이용집단에 20대가 상대적으로 많이 포함되어 있기 때문에 나타난 결과로 보인다. 회귀분석결과에서는 오히려 면대면 대화시간이 욕설 등 공격적인 표현 사용을 증가시키는 것으로 나타났다.

온라인 소통공간에서 사회적 이슈에 대한 상대적 관심의 하락이, 단지 관심사의 다양성 증대를 보여주는 것인지, 온라인 소통의 내용적 가벼움을 동반하는 것인지에 대해 추후 연구가 필요하다고 하겠다.

<표 10-7> 온라인이용집단 간 사회적 소통 비교

구분		비이용	저이용	고이용	전체 평균
사회적 소통시간	평균	105.1 분	136.3 분	235.0 분	154.7 분
	부족한 사람 비율	22.4%	9.8%	0%	10.7%
면대면 대화시간		35.3 분	47.4 분	65.5 분	48.9 분
온라인 소통시간		0.0 분	25.3 분	104.4 분	39.9 분
뉴스매체 이용시간		69.8 분	63.7 분	65.1 분	65.8 분
상호성	평균	4.97	4.98	4.95	4.97
	부족한 사람 비율	7.5%	6.5%	8.1%	7.2%
합리성	평균	4.57	4.71	4.63	4.65
	부족한 사람 비율	19.9%	15.8%	15.1%	16.8%
반대의견 듣기	평균	4.64	4.72	4.67	4.68
	부족한 사람 비율	14.9%	14%	13.2%	14%
소통예의	평균	5.42	5.36	5.17#	5.33
	부족한 사람 비율	10.7%	9.1%	12.5%	10.5%
전체 소통상대방 수	평균	5.3 명#	9.6 명	16.2 명	10.2 명
	부족한 사람 비율	12.1%#	4%	2.6%	5.9%
반대의견 상대방 수	평균	1.1 명#	1.4 명	2.8 명	1.7 명
	부족한 사람 비율	31.7%#	24.7%	15.8%	24.2%
대화주제 중 사회적 이슈 선택비율		32.4%	24.9%	21.0%	25.9%

표시는 사회집단이 사회적 소통지표의 해당 항목에 취약함을 나타냄.

2. 연구의 의의와 한계

1) 연구의 의의

지금까지 매체융합 시대 한국의 사회적 소통현황과 변화 양상에 대해 살펴보았다. 기존 연구에서 매체 이용 행태에 대한 종합적 조사는 여러 차례 다루어졌지만, 사회적 이슈에 관한 소통이 매체별로 어떻게, 얼마나 이루어지는지에 대한 조사는 없었다. 또한 소통의 양 이외에 소통의 질, 범위, 주제 등에 대해 다각도로 조사한 조사연구도 부재하였다. 본 연구는 다양한 사회적 소통 관련 지표들을 인구사회학적 집단별로 살펴보았다는 점에서 사회적 소통에 관한 기초연구로서 의의가 있다.

특히 그동안 사회적 소통연구에서 소홀히 취급했던 면대면 대화를 조사에 포함하고 주요 변인으로 다룸으로써, 이 전통적인 채널의 상대적 특성에 대한 이해에 기여할 수 있었다. 면대면 대화는 아직까지 가장 주요한 시민들 간의 소통채널이며, 타 매체에 비해 사회집단별 차이가 크지 않았다. 소통의 질적 측면에서 면대면 대화시간은 소통의 상호성에 긍정적인 영향을, 소통예의에는 부정적인 영향을 미치는 것으로 나타났다.

오늘날 매체융합의 영향으로 사회적 소통은 크게 달라지고 있다. 신문이나 방송 뉴스를 인터넷으로 접하거나, 친구나 다른 사람들과 온라인으로 대화하는 동안 뉴스 기사나 영상을 주고받는 것은 인터넷 이용자들 사이에서 일상적 관행이 되었다. 본 연구는 세대 간 사회적 소통의 비교를 통해 이러한 변화 양상에 관해 몇 가지 중요한 프로파일을 제시하였다.

- 사회적 이슈에 관한 소통시간 총량이 증가하고 있다.
- 사회적 이슈에 관한 소통에서 뉴스매체 이용시간이 줄어들고 시민들 간의 정보와 의견교환 시간이 증가하고 있다.

- 새로운 온라인 소통 서비스의 도입으로 소통의 범위가 확장되었다. 일상적으로 사회적 이슈에 관해 정보나 의견을 나누는 사람의 수가 증가하였다.
- 온라인 소통시간이 많을수록 소통의 질은 나빠지는 것으로 나타났다. 전체적으로 보면 온라인 소통은 상호성과 합리성에 부정적인 영향을 미쳤다. 소통매체별로는 온라인 커뮤니티 소통은 상호성과 반대의견 듣기에, 소셜 미디어는 합리성과 소통예의에 부정적인 영향을 미치는 것으로 나타났다.
- 온라인 소통을 많이 할수록 소통결과에 대한 주관적 만족도도 나빠지는 것으로 나타났다.
- 소통주제 중 사회적 이슈에 대한 상대적 관심이 감소하고 있다. 20, 30대는 다른 세대에 비해 자신의 5대 소통주제 중 하나로 사회적 이슈를 선택하지 않는 사람이 많았다.
- 온라인 소통의 보급으로 소득집단 또는 학력집단 간 사회적 소통시간의 차이가 감소할 가능성이 있다. 20대, 30대의 경우 이들 집단 간 온라인 소통시간의 유의한 차이가 없었다.
- 진보성향집단이 사회적 소통과정에 참여하는 시간이 보수성향집단보다 더 많았다. 이는 온라인 소통시간의 차이에 기인한 것이었다.
- 세대 간 주요 소통매체가 달랐다. 젊은 세대는 온라인 매체를, 50, 60대는 뉴스매체와 면대면 대화채널을 많이 이용하는 경향이 있었다.

본 연구는 소통의 ‘양’뿐 아니라, ‘질’에 관한 종합적인 조사를 실시하여 소통문화에 대한 진단과 개선에 기여할 수 있는 기초자료를 제시하였다.

소득하위집단과 사회활동모임 1개 이하 집단이 사회적 소통의 여러 질적 차원에서 부족한 것으로 나타났다. 이들 집단은 상호성, 합리성, 반대의견 듣기에서 부족한 점이 있었다. 이밖에 남성과 20대, 온라인 고이용집단이 소통예의 차원에서, 60대 이상과 중등 이하 집단이 합리성 차원에서, 중도성향집단이 반대의견 듣기와 상호성에서, 40대가 반대의견 듣기에서 각각 부족한 점이 있음을 보여주었다. 이중 중도성향집단과 40대가 통념과 달리 사회적 소통 측면에서 취약할 수 있다는 것은 의미 있는 발견이라 할 수 있다.

어떤 문화적 요인이 소통의 질에 긍정적, 부정적 영향을 미치는지 분석한 결과에서는 정치적 관용이 소통의 질 모든 차원에 대해 긍정적인 영향을 미치는 반면, 토론속도주의가 상호성, 합리성, 반대의견 듣기에 부정적인 영향을 미치는 것으로 나타났다. 이는 다른 의견에 대한 존중과 인정의 가치를 강조하고, 충분한 시간을 통한 사회적 논의의 가치를 강조하는 교육과 캠페인의 필요성을 말해주는 결과이다. 다른 한편, 집단동조성향 역시 상호성, 합리성, 반대의견 듣기에 긍정적인 영향을 주는 것으로 나타났다. 이는 집단주의 문화가 사회적 소통에 기여하는 측면을 보여줌과 동시에 한국의 문화적 맥락을 고려할 때 합리성에 대한 평가기준을 좀 더 정교화하는 연구가 필요함을 말해준다.

단기적 소통결과와의 관계에 대한 분석에서, 소통의 질은 소통에 대한 인지적, 감정적 만족도를 증진시키는 것으로 나타났다. 특히 소통의 상호성과 합리성은 이슈 이해 만족도에, 반대의견 듣기는 소통유대감과 소통만족도에 가장 큰 영향을 미치는 요인임이 드러났다. 질 좋은 소통행위를 하는 사람일수록 소통과정이나 결과에 대한 만족이 크다는 것은 소통의 질적 차원의 중요성을 보여준다. 그러나 자기보고식으로 측정된 소통예의는 소통결과 차원의 만족도에 긍정적 영향을 미치지 못하는 것으로 드러나 이에 대한 연구의 보완이 필요함을 알 수 있었다.

본 연구의 또 다른 주요 발견은 사회자본이 사회적 소통 차원에서도 중요함을 확인한 것이다. 정기적으로 참여하는 사회활동모임 수로 측정된 사회자본은 소통의 양과 범위뿐 아니라, 질에도 긍정적인 영향을 주는 것으로 나타났다. 이는 각종 동호회나 친목모임들이 사회적 이슈에 관한 정보나 의견을 교환하는 매개체가 되고 있을 뿐 아니라, 바람직한 소통행태를 계발시키는 장으로서도 기능함을 보여준다.

실험적으로 실시한 소통주제에 대한 조사에서 사회집단별 주요 소통주제에서 차이가 있음이 발견되었다. 특히 남녀, 세대, 학력, 소득집단, 온라인 이용집단 간 소통주제의 차이가 컸다. 대체로 젊은 세대, 고학력집단, 소득상위집단, 온라인 고이용집단이 문화생활이나 소비적, 쾌락주의적 소통주제를 많이 선택하고, 노년 세대, 저학력집단, 소득하위집단, 온라인 비이용집단이 생존과 가족, 지역공동체에 관한 주제를 많이 선택하는 경향이 있었다. 사회적 이슈를 주요 소통주제로 선택하는 비율은 후자 유형의 집단에서 높았다. 전자가 후자보다 사회적 이슈에 관한 소통시간이 많음에도, 주요 주제 선택비율이 낮은 것은 주목할 만한 현상이라 할 수 있다.

2) 연구의 한계

본 연구는 다음과 같은 제한점을 가지고 있다.

첫째, 측정된 소통시간이 과잉응답 되었을 가능성이다. 자기보고방식으로 측정된 인터넷 이용시간이 기계측정방식으로 측정된 시간보다 거의 2배나 많았다는 연구(백영민 외, 2012)를 고려하면 본 연구에서 다룬 소통시간이 응답자들의 실제 소통시간이라 말하기 어렵다. 본 연구의 경우 '사회적 이슈'에 관한 소통시간으로 한정하여 조사하였는데 응답자들이 사회적 이슈 소통시간과 비사회적 이슈 소통시간을 잘 분별하여 계산했으리라 보기 힘들다. 특히 두 유형의 주제가 함께 다루어진 소통시간이 모두 사회적 이슈 소통시간으로 계산되었을 가능성이 크다. 따라서 2장에서 밝힌 것처럼 본 연구에서 다루어진 소통시간을 실제 소통시간으로 여기기보다 개인이 추산한 자신의 소통량에 대한 지표로 이해하는 것이 합리적일 것이다.

백영민 외(2012)의 연구에 따르면 자기응답방식의 이용시간이 기계측정 방식의 이용시간보다 관련 변인에 대한 회귀계수가 높았다. 본 연구의 소통시간도 이러한 특성을 가지고 있다면, 본 연구의 분석은 타입-I의 오류를 범할 가능성이 크다고 말할 수 있다. 향후 연구는 미디어 다이어리 등의 방식 등과 같은 보다 정확한 양적 지표를 활용하여 본 연구의 결과를 확인할 필요가 있다.

본 연구의 사회적 소통시간 변인은 이질적인 매체를 통한 소통시간을 합산하여 구성되었다. 그런데 소통매체별 이용자의 관여 정도가 다를 수 있다. 예를 들어 면대면으로 20분 소통하는 것이 온라인 메신저를 통해 한 시간 소통하는 것보다 훨씬 많은 의견교환을 이룰 수 있는데, 본 연구는 이러한 양상들을 반영하지 못하였다. 매체별 소통방식의 차이에 대한 축적된 연구를 바탕으로 현재의 단순 합산방식을 보완할 필요가 있다.

둘째, 자기보고식으로 측정된 소통의 질 척도의 경우 '사회적 바람직함의 편향(social desirability bias)'을 가질 수 있다. 소통의 질 차원은 우리 사회 성원이 일반적으로 공유하는 소통가치를 기준으로 도출되었기 때문에 응답자들이 사신의 행위를 실제보다 이러한 가치에 부합하게, 보고할 가능성이 크다. 이러한 편향을 줄이기 위해 설문문항을 조정하고 방문 면접조사 방식으로 조사가 이루어졌지만, 이러한 오류 가능성을 배제할 수준의 조치가 아니었다.

이와 관련하여 소통예의의 경우, 자기보고식으로 측정된 변인이 사회적 소통의 질을 제대로 나타내지 못 한다는 문제점이 드러났다. 욕설 등 공격적 표현의 사용은 타인에게는 불쾌감을 야기하고 소통상황으로부터의 이탈을 초래할 수 있지만, 본인 자신은 만족도가 높을 수 있다. 이러한 점 때문에 본 연구의 분석틀에서 예의 있는 소통행위가 사회적 소통에 기여하는 양상이 거의 포착되지 못 하였다.

셋째, 사회적 소통지표를 바탕으로 각 사회집단의 취약한 측면을 진단할 때, 그 진단기준의 타당성이 충분히 검증되지 않았다. 예를 들어 소통의 질의 경우, '다소 그렇지 않다' 수준의 응답을 문제적인 것으로 볼 수 있는 근거는 없다고 할 수 있다.

넷째, 사회적 소통과 정치적 관용, 정치효능감 간의 관계를 후자가 전자에 영향을 미치는 것으로 다룬 것은 논란의 여지가 있다. 반대로 사회적 소통에 관여하는 것과 질 좋은 소통행위를 하는 것이 정치적 관용이나 정치효능감을 향상시킬 수도 있다. 연구팀은 소통과 민주적 시민성의 관계를 순환적 관계로 이해한다. 단 본 연구에서 사회적 소통변인은 지난 1주(소통량의 경우)나 지난 1개월(소통의 질의 경우)의 소통경험에 대해 묻는 것으로 측정되었고, 정치적 관용과 정치효능감은 장기적으로 형성되는 것이라는 점에서 후자를 독립변인으로 다루었을 뿐이다. 측정된 사회적 소통변인이 장기간의 소통행태를 반영하는 것으로 접근한다면 두 변인 간의 선후 관계를 반대로 접근할 수도 있다.

다섯째, 본 연구와 관련성이 있는 다양한 연구들이 발표되었는데, 이를 종합하여 본 연구의 결과와 비교하는 작업이 충분히 이루어지지 못했다. 미디어 이용시간, 민주적 시민성, 집단동조성향, 사회자본, 정치적 관용, 온라인 소통의 특성, 사회집단간 가치, 의식, 라이프스타일의 차이 등에 관한 참고할 연구들이 많았지만, 이를 종합해 연구결과를 풍부하게 해석하는 작업으로 나가지 못하였다.

3) 후속 연구를 위한 제언

지금까지의 연구 성과를 바탕으로 본 연구팀 또는 타 연구자를 위한 후속 연구를 제언하면 다음과 같다.

첫째, 연구팀은 앞으로 기존 측정척도를 개선하고 자기보고방식 외의 보다 객관적인 소통지표를 개발하여 연구의 타당성을 향상시키고자 한다. 코퍼스 분석이나 미디어 다이어리 형태의 측정방식이 유용할 것으로 보인다. 소통시간 및 소통의 질과 같은 핵심변인뿐 아니라, 소통주제나 소통상대방에 대한 보다 엄밀하고 의미 있는 측정척도도 탐구할 것이다. 사회적 소통에 대한 보다 좋은 지표를 개발한다면 사회적 소통의 현황과 변화양상에 대한 보다 정교한 이해에 기여할 수 있을 것이다.

둘째, 사회적 소통지표를 활용하여 국제 비교연구를 시행한다면, 한국의 사회적 소통 현황을 바라보는 균형 잡힌 조망점을 갖게 될 뿐 아니라 사회적 소통에 대한 이론적 발전에도 기여할 수 있을 것이다. 본 연구는 각 사회집단 간 소통지표를 비교하는 방식으로 조사결과를 제시하였는데, 이러한 방식으로는 한국사회 전체의 소통지표가 갖는 의미를 설명할 수 없다. 국제적인 비교가 이루어진다면, 사회적 소통의 측면에서 한국사회가 어떤 수준에 위치하고 있는지 파악할 수 있을 것이다. 민주주의를 비교적 성공적으로 운영하는 국가나 한국보다 심각한 소통 단절을 겪고 있는 국가와의 비교 연구를 통해 현재의 소통문제를 개선하고, 보다 심각한 위기에 처하는 것을 미연에 방지하기 위해 어떤 노력을 기울여야 하는지 등에 관한 연구 착안점도 얻을 수 있을 것이다. 또한 각국의 문화적 요소, 경제 구조, 미디어 제도 등과 사회적 소통이 어떤 관계에 있는지 본격적으로 탐구할 수 있는 계기가 될 것이다.

셋째, 패널조사나 1~2개월 간격의 조사를 통한 중장기적 연구가 필요하다. 예를 들어 소통시간의 경우 특정 시점에 핫이슈가 있는지의 여부에 따라 크게 달라질 가능성도 있다. 만약 그러하다면 이슈의 부침에 따른 소통시간의 차이도 사회집단의 소통행태의 특징을 보여주는 좋은 자료가 될 것이다. 보다 장기적인 조사연구는 시민들의 소통행위양식이 개선 또는 악화되고 있는지 파악할 수 있게 할 것이다. 그것은 또한 미디어/통신 관련 제도 및 법률의 변화, 새로운 온라인 서비스의 확산, 권력구조의 변동, 경제적 조건의 변화, 새로운 문화적 흐름의 등장 등이 시민의 사회적 소통에 미치는 영향을 탐색하는 기회를 제공할 것이다.

넷째, 사회적 소통이 이루어지는 주요 지점(site)별 연구를 수행할 필요가 있다. 소통문제의 개선을 위해서는 그 문제가 실제로 나타나는 구체적인 소통맥락을 이해해야 한다. 매체융합 시대 사회적 소통의 변화를 파악하기 위해서는 새로 등장한 소통공간에만 초점을 맞출 것이 아니라, 그것이 기존의 소통공간에 미치는 영향에도 관심을 기울일 필요가 있다. 이를 위해서는 개인이 사회적 이슈에 관해 소통을 하게 되는 주요 지점 각각에 대해 연구를 축적할 필요가 있다. 그동안 사회적 소통에 대한 연구는 언론과 온라인 소통에 편중된 경향이 있었다. 그런데 본 연구를 통해 볼 때 여전히 많은 양의 사회적 소통은 가정이나 직장, 이웃 그리고 사회활동 모임이나 친구들과의 만남에서 이루어지고 있다. 이러한 소통지점 각각이 가지는 특징에 대해 아직까지 축적된 연구는 없는 것으로 보인다. 온라인 소통의 경우에도 주요 소통지점들을 유형화하고 비교 분석하는 작업이 아직 본격적으로 진행되지 않았다.

REFERENCE

참고문헌

강준만 (2011). 소통의 정치경제학: 소통의 구조적 장애 요인에 관한 연구. 한국언론학회(편). <한국 사회의 소통위기>, 65-89. 커뮤니케이션북스.

구교태 (2007). 온라인 플레밍 (flaming) 발생 요인과 해소 방안에 대한 연구. <한국언론정보학보>, 39, 224-249.

권혁남 (2011). 2010 지방선거에서 미디어 이용과 TV 토론관심시청이 정치효능감, 투표행위에 미치는 효과연구. <한국언론학보> 55권 6호, 126-151.

김동윤 (2007a). 가상공간 내 정치토론, 의견의 질, 그리고 시민참여: 토론참여와 의견불일치 효과를 중심으로. <한국언론학보>, 51권 6호, 138-167.

김동윤 (2007b). 가상공간에서의 정치토론과 시민적 태도의 형성: 사회자본 개념요소로서 대인간 신뢰와 호혜성을 중심으로. <한국언론정보학보>, 39, 102-139.

김영욱 (2011). 한국 언론의 정파성과 사회적 소통의 위기. 한국언론학회 편. <한국 사회의 소통 위기: 진단과 전망>, 107-136. 서울: 나남출판.

김유경 (2002). 숙의민주주의와 가상공간내 정치토론. <언론과 사회>, 10권 1호, 74-113.

김은미·이준웅 (2006). 읽기의 재발견. <한국언론학보>, 50권 4호, 65-94.

김주환 (2005). 민주주의에 있어서 대화의 중요성 공론장에서의 의사소통행위로서의 정치적 대화. <언론과 사회>, 13권 1호, 75-99.

김춘식 (2013). 선거 뉴스와 미디어선거캠페인 노출이 정치 지식과 정치 참여에 미치는 영향. <언론과학연구>, 13권 3호, 215-250.

김태경·장경희·김정선·이삼형·이필영·전은진 (2012). 청소년의 비속어·욕설·은어·유행어 사용 실태와 언어 의식 연구. <국제어문>, 54호, 43-93.

김현석·이준웅, 2007. 인터넷 정치 토론의 담론적 특성: 이야기 주제 구조 및 이야기의 구조적 복잡성 분석을 중심으로. <한국언론학보>, 51권 4호, 356-384.

나은경·손영준·김옥태 (2012). 리얼리티 서바이벌 오디션 프로그램과 소셜 미디어 이용을 통한 시청자 참여의 효과. <언론과학연구>, 12권 4호 179-220.

남인용 (2013). 한국 대통령 선거에서 정치효능감, 미디어를 이용한 정치참여와 후보자의 이미지에 관한 연구. <정치커뮤니케이션 연구>, 31호, 127-154.

노성종·민영 (2009). '숙의'와 '참여'의 공존. <한국언론학보>, 53권 3호, 173-197.

류성진·고흥석 (2007). 전자게시판 토론 참여자의 토론 능력과 숙의적 토론과의 관계. <언론정보연구>, 44권 1호, 5-35.

민영·노성종 (2011a). '소통'의 조건: 한국 사회의 시민 간 정치 대화 탐구. 한국언론학회(편), <한국 사회의 소통위기>, 324-353. 서울: 커뮤니케이션북스.

민영·노성종 (2011b). 한국과 미국 청소년의 인터넷 이용, 정치의식, 그리고 정치참여. <한국언론학보>, 55권 4호, 284-308.

민영·주익현 (2007). 사회자본의 민주주의 효과. <한국언론학보>, 51권 6호, 190-217.

박근영·최윤정 (2014). 온라인 공론장에서 토론이 합의와 대립에 이르게 하는 요인 분석: 개방형 공론장과 커뮤니티 공론장의 토론 숙의성 비교.

<한국언론학보>, 58권 1호, 31-69.

박승관 (2000). 숙의 민주주의와 시민성의 의미. <한국언론학보>, 45권 1호, 162-194.

박승관 (2011). 한국 사회와 소통의 위기: 소통의 역설과 공동체의 위기. 한국언론학회(편), <한국 사회의 소통위기>, 121-169. 서울: 커뮤니케이션북스.

백영민·김은미·이준웅 (2012). 자기응답방식에서 나타나는 인터넷이용시간 과도응답과 그 원인. <한국언론학보>, 56권 2호, 121-142.

백유미 (2013). 연구논문: 대학생 욕설사용 양상에 관한 연구. <청소년학연구>, 20권 7호, 1-21.

소재희 (2011). 청소년의 욕설사용과 자아개념 및 충동성 분석. <청소년문화포럼> 26호, 91-122.

손진희·이영수·최유진 (2013). 청소년의 욕설사용에 대한 질적 연구. <청소년문화포럼>, 33호, 146-173.

송현주·신승민·박승관, 2006. 인터넷 게시판에서의 이견 읽기와 논변구성과 정치적 관용에 미치는 영향. <한국언론학보> 50(5): 160- 183.

안지수·이원지 (2011). 사회적 동조와 개인의 정보처리 성향이 루머 메시지의 신뢰에 미치는 영향. <언론과학연구>, 11권 4 296-320.

이범준·조성겸 (2014). 사회적 소통의 진단방식에 대한 비판적 고찰. <언론과 사회>, 22권 2호, 111-149.

이범준·조성겸 (2015). 소통의 질 측정 방법의 타당성 검토. <커뮤니케이션 이론>, 11권 1호, 144-185.

이재경 (2008). 한국의 저널리즘과 사회갈등. <커뮤니케이션 이론>, 4권 2호, 48-72.

이정기·우형진 (2010). 사이버 언어폭력 의도에 관한 연구. <사이버커뮤니케이션 학보>, 27권 1호, 215-253.

이종혁·장기선·최윤정 (2013). 인터넷 게시글의 숙의적 요인과 이념 일치성이 토론 참여자들의 평가에 미치는 영향. <한국방송학보>, 27권 2호, 186-226.

이종혁· 최윤정 (2012a). 숙의 관점에서 본 인터넷 토론 게시판과 글 분석: 의견 조정성 예측을 위한 다수준모델 검증. <한국언론학보>, 56권 2호, 405-435.

이종혁· 최윤정 (2012b). 숙의적 인터넷 토론 모델의 검증. <사이버커뮤니케이션 학보>, 29권 1호, 87-126.

이준웅 (2010). 한국 언론의 경향성과 이른바 사실과 의견의 분리 문제. <한국언론학보>, 54권 2호, 187-209.

이철한· 현경보 (2007). 유권자의 미디어의 이용이 정치지식, 정치효능감, 정치불신감에 미치는 영향. <언론과학연구>, 7권 4호, 112-142.

장윤재· 김소희 (2012). 온라인에서 논거 제시 및 예절 준수 메시지가 대학생의 이견 수용에 미치는 영향. <스피치와 커뮤니케이션>, 17, 69-98.

장윤재· 이은주 (2010). 온라인 토론 게시판에서 메시지의 질과 의견 극단성에 따른 이견 읽기의 효과. <한국언론학보>, 54권 6호, 422-443.

정일권· 이준웅· 배영 (2013). 인터넷 교류범위와 자기노출이 정치적 관용에 미치는 영향과 세대 효과. <언론과 사회>, 21권 2호, 160-204.

조긍호 (1999). 문화유형에 따른 동기의 차이. <한국심리학회지: 사회 및 성격>, 13권 2호, 233-273.

조긍호· 김은진 (2001). 문화성향과 동조행동. <한국심리학회지: 사회 및 성격>, 15권 1호, 139-165.

최윤정· 이종혁 (2012a). 인터넷 토론에서 이견 (異見) 노출이 정치적 관용에 이르는 경로 분석. <한국언론학보>, 56권 2호, 301-330.

최윤정· 이종혁 (2012b). 토론속도주의가 숙의적 (deliberative) 인터넷 토론에 미치는 영향. <한국언론학보>, 56권 1호, 388-417.

최윤정· 이종혁 (2013). 인터넷 공간에서의 '여가화된 정치 토론'에 대한 연구. <한국방송학보>, 27권 3호, 206-247.

최장집 (2009.7.14). 소통에 대한 이해와 오해. <경향신문>.

한혜경 (2005). 인터넷 이용자의 시민적 자질들과 가상공간의 숙의 경험의 관계에 관한 연구. <한국방송학보>, 19권 4호, 604-643.

황현서 (2008). <의견 불일치의 소통: 온라인 숙의민주주의에 있어 시민적 토론 예의(discussion civility) 와 의견불일치(disagreement) 의 역할에 관한 실험 연구발제>. 한국방송학회 융합미디어서비스의 확산과 사회 변화 세미나. 서울:코엑스 컨퍼런스센터.

Ahmed, S. (2004). *The cultural politics of emotion. Edinburgh*. Edinburgh University Press.

Anderson, B. (1991). *Imagined communities: Reflections on the origin and spread of nationalism*. 윤형숙 역(2002). <상상의 공동체: 민족주의의의 기원과 전파에 대한 성찰>. 서울: 나남출판.

Bohman, J. (2000). *Public deliberation: Pluralism, complexity, and democracy*. Cambridge: MIT press.

Bond, R. & Smith, B. (1996). "Culture and conformity: A meta- analysis of studies using Asch's(1952b, 1956) line judgment task." *Psychological bulletin* 119(1): 111-131.

Gamson, W. (1992). *Talking politics*. Cambridge university press.

Habermas, J. (1981). *Theorie des kommunikativen Handelns*. 장춘익 역(2006). <의사소통행위이론>. 파주: 나남.

Habermas, J. (1990). *Strukturwandel der Öffentlichkeit: Untersuchungen zu einer Kategorie der bürgerlichen Gesellschaft*. 한승완 역(2001). <공론장의 구조변동>. 서울: 나남출판.

Habermas, J. (1992). *Faktizität und Geltung: Beiträge zur Diskurstheorie des Rechts und des demokratischen Rechtsstaates*. 한상진·박영도 역(2000). <사실성과 타당성>. 파주: 나남.

Hofstede, G.H. (1991). *Cultures and organizations: software of the mind*. 차재호· 나은영 역. 1995. <세계의 문화와 조식: 문화간 협력과 세계 속에서의 생존>. 서울: 학지사.

Infante, D.A. & Wigley III, C.J. (1986). "Verbal aggressiveness: An interpersonal model and measure." Communications Monographs 53(1): 61-69

Lazarsfeld, P., Berelson, B., & Gaudet, H. (1944). *The peoples choice: how the voter makes up his mind in a presidential campaign.* 백영민 역. 2015. 서울: 커뮤니케이션북스.

Mutz, D.C. (2002a). "Cross-cutting social networks: Testing democratic theory in practice." *American Political Science Review* 96(01): 111-126.

Mutz, D.C. (2002b). "The consequences of cross-cutting networks for political participation." *American Journal of Political Science* 46(4): 838-855.

Peters, J.D. (2000). *Speaking into the Air: A History of the Idea of Communication.* Chicago: University of Chicago Press.

Price, V., Cappella, J.N., & Nir, L. (2002). "Does disagreement contribute to more deliberative opinion?" *Political Communication* 19(1): 95-112.

Tarde, G. (1902). *Les lois sociales: esquisse dúne sociologie.* 이상률 역. 2013. <사회법칙: 모방과 발명의 사회학>. 서울: 아카넷.

Tuchman, G. (1978). *Making news: A study in the construction of reality.* 박홍수 역. 1995. <메이킹 뉴스>, 서울: 나남.

Watzlawick, P., Bavelas, J.B., Jackson, D.D., & O'Hanlon, B. (1967). *Pragmatics of human communication: A study of interactional patterns, pathologies, and paradoxes.* New York: Norton.